京文育儿智

3岁前决定 IQ&EQ

赵京文 / 著

东方出版社

2010 年与多伦多爱乐乐团著名指挥家斯特屯携手录制贝多芬《皇帝钢琴协奏曲》CD。之后在加拿大、美国及斯洛伐克等国进行大型巡演。音乐会场场爆满，每次演出尚未结束听众们便按捺不住疯狂欢呼，场面空前热烈而壮观！

被欧美誉为『键盘老虎』的儿子张海鸥

多次荣获国际钢琴比赛金银奖

2012 年受邀于法国著名国际音乐节，浪漫而典雅的钢琴演奏让观众如痴如醉。德奥那些有见识而又挑剔的古典音乐评论家盛赞他「创造出的音乐美感，无论是猫王还是甲壳虫都会被打动！」

2011 年为纪念钢琴千古巨匠李斯特诞辰 200 周年，受世界顶级古典唱片独立品牌德国 Hänssler Classic 之邀录制 CD。英国《留声机》首席乐评家莫里森将他演绎的作品称为「大师级的手笔，具有跨越历史的震撼力！」

2003 年在第五届 HOROWITZ 国际钢琴比赛中获银奖。同年获 SEILER 特别艺术奖。北京环球音像出版社特邀海鸥录制个人专辑《天才音乐少年》CD&VCD。

Recommend

养孩子莫忽视关键期

养孩子，最难得的是平和淡定的心态。因为，有了这样的心态，孩子不会有压力，父母自己很轻松，养育一个好孩子便是情理中的事。

然而，很多新手父母在养育孩子的问题上很纠结，甚至杞人忧天，之所以如此，是因为自己不了解孩子，心中没底。

实际上，养孩子，父母们无需紧张，走好那关键的几步，其他顺势而为足矣。

从儿科医生，到中国刊业十大新锐主编，京文的每一步都走得踏踏实实。

医生的严谨和扎实的医学功底，媒体人的开拓性思维，对孩子发自内心的爱与细致的观察，外加母爱的本能，使京文对孩子行为的解读既科学又充满了悟性。

正因为具有这种潜质，她养育一个具有高超钢琴演奏造诣和深厚的文化积淀、荣获多项国际钢琴比赛大奖、如今享誉和活跃于欧美古典乐坛、在德国拥有第一个以华人名字命名的"HAIOUZHANG国际音乐节"的天才儿子。对她来说，这似乎也是顺理成章的事。

她的儿子海鸥能有今天，与京文在培养儿子的路上走好那关键性的几步密切相关，与儿子小时候的成长环境更密切相关。

"三岁决定孩子一生"以及"三岁看大，七岁看老"这些说法已经深入人心。越来越多的有识之士意识到，孩子出生的最初几年，对他们一生产生的影响有多么深刻、多么意义重大。

美国儿科医生和心理学家盖泽尔开拓性地发现：婴幼儿在出生后一个月、四个月、七个月、十个月、十二个月、十八个月、二十四个月、三十六个月等阶段，智能上会发生某些特殊的飞跃性发展，这是其他年龄阶段所不具有的，这些年龄阶段就是婴幼儿智能飞跃发展的八个关键期。

　　了解这八个关键期，对父母们来说有着极为重要的意义。孩子在三岁前，如果父母们能够密切关注这八个关键期，了解孩子在这八个关键期智能发展行为的特征，并清楚如何根据孩子发育的特点给予相应的引导，就可以在育儿的路上走得气定神闲、事半功倍，而且，让孩子终生受益。

　　而这，正是京文此书能够带给父母们的！

Foreword
写给亲爱的父母们

婴幼儿的智能主要是指大运动、精细运动、适应性、语言和社交行为等五个方面的能力。

生活中父母们经常会发现，宝宝一下子就能独自行走了，宝宝突然就会说很多话了……

难道宝宝的这些小本事是在一夜之间就学会的吗？

不是的！

无论是哪一方面的能力，宝宝都不是一蹴而就的，而是经过一天天由量变到质变的积累，到达某个年龄段时所发生的智能飞跃发展行为。

美国儿科医生和心理学家盖泽尔，几十年来对婴幼儿大运动、精细运动、适应性、语言以及社交行为等五个方面的能力进行了系统观察。

他开拓性地发现，婴幼儿在出生后一个月、四个月、七个月、十个月、十二个月、十八个月、二十四个月、三十六个月等阶段，行为变化最大，出现某些特殊的飞跃性发展，而这些特殊的飞跃性发展是其他年龄阶段所不具有的。

盖泽尔将这些阶段称为关键年龄，标志着宝宝的智能达到划阶段和代表性的成熟度，是智能飞跃发展的八个关键期，并于一九四〇年制定出能较准确反映婴幼儿在大运动、精细运动、适应性、语言和社交行为等五个方面发展的量表，其一直是世界上应用最广泛的婴幼儿发育诊断性测试量表之一。

要知道，宝宝在关键的年龄阶段所出现的每一种新行为，对于他们的整个发育过程都是非常重要的！因为，宝宝的智能发展水平，就是根据他们在这些年龄段大运动、精细运动、适应能力、语言和社交行为等五个方面所表现出的能力来进行测试并评价的。

父母们，居家自测与促进训练对宝宝健康成长益处多多！

我在做临床儿科医生时就对婴幼儿智能测试很感兴趣，当年也曾经参与过很多这方面的工作。这十几年来因从事母婴科普教育工作，有机会与国内儿童生长发育权威专家高振敏主任医师多次接触和合作，更多地积累和完善了此类知识，发现家庭自测确实有很多益处：

可以帮助宝宝发挥真实能力，有利于测试结果的准确性。 专业性智力测试，尽管工作人员的操作技术比较熟练，但对于宝宝来说，突然来到一个全新环境，面对陌生人会由于怕生、拘束等原因而哭闹不止，不肯配合，直接影响测试结果。

有个九个月大的宝宝，拇食指对捏动作本来在家里做得很好，但是当测试人员把小药丸放在桌上鼓励他去取时，宝宝却因为害怕又哭又闹，说什么也不肯做，导致测试无法正常进行。这无疑会影响宝宝发挥出真实的能力，而智测结果就是根据不同年龄婴幼儿所应具有的各种行为能力的掌握程度来确定的。

因此，如何使宝宝能充分发挥现有各种能力十分重要。只有努力将孩子的真实能力诱导出来，才能确保测试结果的准确性。如果在家里测试，父母对宝宝各种行为能力的观察是一个动态的过程，比一般的测试人员只能看到片段的情况显然要全面、系统、完整得多。

加之父母经常和宝宝在一起，对宝宝行为上的细微变化发现得最早，观察得最细，宝宝也不会紧张害怕，有利于充分判断真实能力；加之宝宝和父母最为熟悉，不存在太多拘束，测试时也特别有利于宝宝发挥出实际能力，从而有利于确保测试的准确性。

2 适合宝宝身心发育的特点，容易避开各种影响测试的因素。

在对七八个月或两岁左右大的孩子进行测试时往往会碰到一些麻烦。因为，前者正处于怕生阶段，一见到生人就非常敏感、害怕、哭闹；后者正处于第一反抗期，经常会对测试产生抵触情绪。很多时候他们会在规定的时间里不能很好地完成某些测试项目，从而影响测试进行。

除此之外，对小婴儿测试还存在难以与测试者主动配合的问题。比如，对三个月大的婴儿进行大运动和精细动作测试时，相对较容易测试，但进行适应能力、语言和社交行为等测试时，这些宝宝常因要吃奶、要睡觉或要换尿布等多种原因，不能在规定的时间里很好地完成。

但是，如果居家自测就比较方便了，因为测试项目不一定非在规定的时间里让宝宝一次完成。父母可以根据宝宝的情况灵活掌握时间，尽可能选择宝宝状态好的时候进行测试，状态不好或不方便时就拖后测试。另外，也可避开携带小婴儿去外面测试需要带很多东西，或担心人多场所容易造成交叉感染等因素，使父母感到非常方便。

3 及早发现宝宝体内异常信号，不延误最佳治疗或训练时机。

比如，新生儿时期的宝宝，父母只需用一只小铜铃对宝宝进行听力测试，就可及早发现他们是否存在先天性听力障碍，避免延误治疗和训练时机，治疗上也比较简单，可以使宝宝的听力完全恢复，即或利用残余听力学习语言也不至于日后不会说话。特别是宝宝在刚出生时就被发现的话，在得到及时有效的康复语言训练后，到三岁时可能掌握七百个单词，达到正常孩子的发育水平。

曾经有个早产儿，他在出生时发生轻度窒息。出生四十二天时父母带他去保健科复查，由于宝宝未能与测试人员很好地配合，所以没有发现任何异常表现，父母也就放心地以为宝宝很健康。宝宝学会走路后，走起来总是一颠一颠的，父母和其他人都认为刚会走的孩子就是这样，没有引起注意。但是，宝宝到了两岁时还是走得不好，再去看医生被诊断为典型的轻度脑瘫。令人遗憾的是，宝宝这时已经失去了最佳治疗和训练时机。

相比之下，另一个宝宝就比较幸运。父母在进行测试时发现，宝宝快九个月了还不会爬，于是就带他去医院看医生。医生给宝宝做了超声波检查后，确诊为"先天性髋关节脱位"。医生说，幸好宝宝是在一岁以内及时发现的，治疗上比较简单，不用采取手术，只需采取戴宽尿布或支具的方法矫正即可。大多数患病的孩子经过矫正都可在半年或一年后恢复正常。但是，如果在一岁之前未及时发现，关节脱位就会越来越严重。这不仅日后会造成明显异常，治疗上也比较复杂，需要手术治疗。先天性髋关节脱位，早发现、早诊断、早治疗对于宝宝能否康复特别关键！

4 **据宝宝智能水平采取个性化促进训练，动态观察智能发展。**
家庭自测每次记录测试结果。如果宝宝在某方面的发展稍弱一些，尽早请教有关专家，着重对宝宝的这方面进行促进训练，一般来讲都会使宝宝的能力得到促进和提升。

有个四个月大的宝宝，居家测试时父母发现他的大运动和适应能力发育正常，语言和社交行为发育较好，而精细动作发育却落后一个月龄组。要知道，精细动作发育是有规律的，但往往易被家长忽略。在专家指导下，父母对宝宝加大力度进行精细运动方面的促进训练，比如每天让宝宝多握色彩鲜艳及带响声的拨浪鼓、多握筷子或父母的手指等。这样，不仅促进了宝宝的精细动作发展，同时父母用温柔的声音与宝宝交流，使宝宝的情绪非常愉快，也间接起到促进精细动作发展的作用。宝宝七个月时再进行测试，精细动作的能力已经明显地提高了。

5 **既可充分享受亲情，也是促进宝宝的智能发展的最佳时机。**
该书介绍的测试方法既简单又轻松，父母很容易在家里给宝宝进行测试。其实，很多智能测试题就如同与宝宝进行亲子交流的小游戏，如藏猫猫、摇拨浪鼓、逗引宝宝或给宝宝唱歌等。在这个过程中，不仅可使父母们充分享受亲情，有机会与宝宝进行更多的亲子交流，为父母增添极大的生活乐趣，而且更为重要的是在对宝宝进行反复训练和培养过程中，还能加速和促进宝宝的智能发展。

6 **发现宝宝的超常能力，为其提供更充分发展智力潜能的机会。**
少数孩子的智能发展非常优秀或具有某方面的特殊才能，被称为超常儿童。超常儿童约占整个儿童总数的1％～3％，但需要经常进行智能测试，这正是开展家庭自测的优势所在。然而，年幼的宝宝往往自我表现能力比较差，仅凭一两次的测试难以发现其超常能力，家庭测试恰恰就可以做到这一点。

当发现宝宝的智能明显比同龄的孩子发展得快，就要想到他或她可能是超常儿童。曾经遇到一个宝宝，他有着强烈的好奇心，遇事总爱刨根问底，对周围的变化兴趣浓厚，特别是语言能力表现突出，刚刚两岁就具有非常丰富的词汇表达力。经过专业机构测试智商超过了130，属于超常儿童。像这样的孩子，从出生三四个月起父母就应该带到儿童保健机构进行定期测试。一旦被确定超常，可以在有关专家指导下不误时机地进行开发和训练，给宝宝提供充分发展智力潜能的机会。

宝宝关键期父母做关键事，为宝宝智能飞跃发展加油吧！

本书所提供的测评，是国内权威婴幼儿生长发育研究专家和心理发展研究专家在盖泽尔量表的基础上，根据我国十几个省婴幼儿神经、心理发育水平的资料历经多年而研发。现推荐给父母们，旨在帮助父母们了解宝宝在八个生长发育关键期的智能发育水平，通过所提供的亲子训练不误时机地促进宝宝的智能更好地发展，一旦发现异常表现尽早就医，以抓住最佳的诊治时机。

不过，我想指出的是，这仅仅是一个家庭自我测试，并不能完全代替专业人士的评价和诊断。如果宝宝在测试时的表现不尽如人意，父母不要太担心或焦急。首先放松心态，然后找找原因，比如宝宝是否因困倦、疲倦、饥饿或者身体有些不舒服、情绪不佳而导致表现不到位。否则，不但无益于宝宝成长，反而会使宝宝产生不安全感。

宝宝关键期父母做关键事，
珍藏宝宝智能成长之流金轨迹，
为宝宝智能飞跃发展加油吧！

目录 contents

第七个智能飞跃发展关键期（二十四个月）

opening

在这一关键期，虽然是开发宝宝"抬头"、"眼跟红绒球"、"学听声音"和"握持反射"等能力的良好时机，但是对视觉和听觉等感官能力的训练，以及尽快建立亲密的母子关系更为重要哦！

注意将新生儿的无条件反射和某种刺激相联系，促进条件反射形成。比如，妈妈把将宝宝抱在胸前和喂奶的吸吮动作结合起来，多次反复后宝宝只要一被抱起小嘴就会吸吮。形成的条件反射越多越有利于开发智能。

手是智慧的源泉，多动手大脑才能更聪明。因此，不要给宝宝穿衣袖过长的衣服，以免限制手部的活动，要充分地让宝宝去抓、握、拍、打、敲，成长为心灵手巧的宝宝。

出生不久的宝宝，身体各方面的反应能力都比较弱，测试的时候不一定能很快就达到要求。父母一定要耐心，可以反复进行测试和训练，不过别让宝宝太疲劳。

大运动 Big sports
宝宝会出现哪些行为特点？

1 宝宝会伸直腿迈步了

没想到吧，当父母把手放在宝宝腋下，扶着他们站立在桌面或其他平面时，虽然两条小腿屈曲着，但他们继而会伸直迈步，做出类似迈步的动作呢。

2 小脑袋能竖直一小会儿了

这个时候，宝宝的颈部也有一点儿力量了。握住他们的小手腕轻柔将其慢慢拉起，尽管小脑袋会向后仰，坐起来后小脑袋也会向前倾，小下巴向胸部靠近，不过小脑袋能自己竖直一小会儿了。

3 小脸儿偶尔能短暂离开床面

宝宝俯卧时小屁屁耸起，呈双膝屈曲、双腿蜷缩、头转向一侧、小脸贴在床面上的姿势哦！若将宝宝的小脑袋转正，再逗引其抬头时，小脸儿偶尔还能短暂稍稍离开床面呢。

关键期做关键事！
父母快来测测看 Test

智能自测题

宝宝被拉着小手腕坐起后，头部能竖直一小会儿吗？

正确测试法

宝宝仰卧在小床（带有围栏的童床），父母相对宝宝而站；先弯下腰对宝宝笑笑或说说话，吸引其注意力。待宝宝看父母的脸时，轻轻握住小手腕将其拉坐起来，观察其头部是否能竖直片刻。

提醒一点！小婴儿的胳膊很柔嫩，父母的动作一定要轻柔，以免伤着宝宝。

宝宝达标了吗？

如果宝宝坐起来时能竖直头部，坚持大约两秒钟即为合格。

Pass!
宝宝真棒!

提升智能小训练 Training
为宝宝智能飞跃发展加油！

瞧我多棒！小脖子能竖起来了

训练妙法

妈妈每次喂奶拍嗝后，竖直抱起宝宝，左手托着小屁屁，右手托着小脑袋，避免宝宝的脖颈和小脑袋向后仰。

可以抱着宝宝在房间到处走走，四处看看，也可让宝宝看看外面的景物。其间，妈妈间或试试稍稍短暂松开右手，让宝宝自然伸直一下小脖颈。

Tip

这个训练有助于增强宝宝颈部肌肉的力量。一般到满月时，宝宝的小脖颈就会有点儿力量，能自己竖直一小会儿了。如果还像刚出生时那样软弱无力，可能患有脑瘫，一定要警惕！

了不起！宝宝能自己抬头了

训练妙法

宝宝一出生就会俯卧，但是还不能自己抬头。宝宝出生一周至十天后俯卧在小床时，妈妈可用一只手抬起宝宝的小脑袋，另一只手摇动拨浪鼓或其他能发声的小玩具，逗引宝宝抬眼看。

提醒一点！妈妈摇拨浪鼓的声音不宜太大，次数也不宜过频，以免伤害宝宝稚嫩的耳膜。

Tip

以上两个小游戏会使宝宝的颈背部肌肉力量得到有效的锻炼，促使其尽早抬头并扩大视野。每天最好在宝宝醒来时玩游戏，经过一至两周后即使妈妈不帮助，宝宝也能自己抬头观看玩具了。

精细运动 Fine motor
宝宝会出现哪些行为特点？

1 宝宝的两只小手总是握着拳

在醒着的时候，躺在小床上的宝宝的两只小手以握拳为主，小模样非常可爱！

不过，宝宝的大拇指是放在其他手指外面的。若经常握入手心，父母就要留意了，看宝宝是否存在异常。必要时去看神经科医生，做进一步的检查。

2 小手心一被碰触就会马上紧握

宝宝的小手心很敏感，一被某种物品碰触，比如大人的手指或者是细柄的拨浪鼓（带有响声的），马上就会紧紧地抓握，而且抓得很紧哦。

不过，宝宝的这种表现只是一种无意抓握力，属于先天反射。要知道，新生儿期的宝宝无意抓握力最大，满月后就会慢慢减弱了。

关键期做关键事！
父母快来测测看 Test

智能自测题

用某些大小适宜的物品碰触宝宝的手掌，宝宝是否紧握拳？

正确测试法

让宝宝仰卧在小床上，父母先轻柔地把宝宝的小手指打开，将大小适宜的物品放在小手里，如自己的食指或细手柄的拨浪鼓。然后，注意观察宝宝是否会将小拳头握紧，短时间握住手中的物品。

提醒一点！如果宝宝抓握得过紧，不要强硬拉开柔嫩的手指，以免造成损伤。

宝宝达标了吗？

当这些物品触及宝宝的手掌时，宝宝紧握拳并能短时间握住手中的物品即为合格。

Pass!
宝宝真棒！

提升智能小训练 Training
为宝宝智能飞跃发展加油！

嘻嘻！我的小手真好玩儿

训练妙法

　　父母把宝宝的小手举起，在其眼前晃动几下，让宝宝注意到。然后，一边唱"小手小手摆一摆，小手小手人人爱"，一边有节奏地在宝宝胸前把小手臂打开、合拢。也可将宝宝的小手放在被子外，让其自由地挥舞小拳头或小手。还可让宝宝把小手放到嘴里吸吮。

Tip

　　多给宝宝创造小手抓握、握持、玩小手等手功能开发的机会，增进手指的触觉和活动能力，切不可因怕宝宝抓破脸就给戴上小手套，限制小手的活动。

　　提醒一点！要注意经常把小手洗干净哦，以免宝宝吃进去不洁之物。

瞧瞧！我的小手抓握力真棒

训练妙法

每天在宝宝清醒时，父母不妨经常用手指或者小拨浪鼓去触碰宝宝的小手掌。当宝宝紧紧握住时，不要把手指或者玩具手柄很快抽出来，尽量在宝宝的小手里停留一会儿。等宝宝松开手后，再次放入宝宝的小手里。经常反复和宝宝玩这个游戏，可以很好地锻炼宝宝的小手抓握能力。

Tip

如果宝宝握得太紧，想让其松手可以稍等一会儿或者轻轻按摩一下小手背，宝宝的小手掌就会自然松开。父母千万不要生硬地打开手指，这样会使宝宝的小手受到伤害。

009

适应性 Adaptability
宝宝会出现哪些行为特点？

1 宝宝对光线有反应了

宝宝虽小，但也有保护眼睛的本能哦。眼睛在受到光线刺激的时候，瞳孔就会保护性地缩小；眼睛被轻轻碰触时，就会眨眼或眯眼。

2 眼前有东西不会熟视无睹

宝宝的眼睛已经管事了，如果在小床上方悬挂一些东西，比如直径十厘米长、毛线缠绕的红球或圆环等，宝宝不再会熟视无睹，而会很注意地去看这些物品呢。

3 会追视映入眼帘的物品

尽管宝宝刚出生不久，视野还不够开阔，但若是有物品比如红球从头部一侧进入他们的视野并向另一侧慢慢移动时，宝宝的眼睛会一直追着看。不过，宝宝的追视能力很有限，仅在九十度之内哦。

关键期做关键事！
父母快来测测看 Test

智能自测题

在宝宝耳边摇动小铜铃，宝宝是否做出听到声音的表情？

正确测试法

宝宝仰卧在床，父母在宝宝一侧耳朵上方九厘米处轻轻摇动响亮悦耳的小铜铃，观察宝宝是否会出现皱眉的表情，或者出现动作改变的反应，如动作减少、增多或停止。

提醒一点！宝宝出现反应的时间一般来说都很短暂，父母要特别注意观察哦。

宝宝达标了吗？

若是宝宝有肯定明确听到声音的表情，如出现以上所描述的各种反应即为合格。

Pass!
宝宝真棒!

提升智能小训练 Training
为宝宝智能飞跃发展加油!

宝宝!快来看妈妈的脸哦

训练妙法

宝宝出生后,在白天醒着的时候,妈妈不妨经常站在小床的对面,经常亲切地喊宝宝的名字。

当宝宝看着妈妈时,妈妈开始移动自己的脸,促使宝宝的眼睛跟着妈妈的脸移动。通过这种视听觉训练,宝宝的视听能力和适应能力都会得到很好的训练。

Tip

要注意哦!每次训练的时间不宜过久,几分钟即可,每天两次就可以了。要知道,过多训练容易刺激宝宝发育还不完善的神经系统,导致烦躁不安。

呵呵，叮叮声真好听！

训练妙法

父母准备一些清洁并能发出声音的餐具或厨房用具，比如汤匙、刀叉、玻璃杯等。可以用汤匙轻轻敲打空着的玻璃杯，让宝宝听那清脆悦耳的叮叮声，这很容易吸引宝宝，告诉宝宝"这是汤匙敲玻璃杯的声音"；也可以把两个锅盖相碰，告诉宝宝"这是锅盖碰锅盖的声音"……

Tip

这种训练不仅可以让宝宝熟悉周围的生活，同时还能够提高听觉记忆力。不过，发出的敲击声不宜过大，那样不利于宝宝的听力发育。

语言能力 Language
宝宝会出现哪些行为特点？

1 宝宝会"自说自话"

尚还不会说话的婴儿，人们认为啼哭是他们表达言语的唯一方式，其实不然。因为，宝宝在清醒的时候还能"自说自话"，就是喉咙里会自动发出各种细小的喉音，这也是宝宝的一种言语表达方式哦。

2 宝宝会注意听大人讲话

人们会觉得，刚出生的小孩子根本不会注意大人们说话，因为宝宝面部对这些并没有什么表情。

从表情上看，宝宝还没有直接的注意力，其实当大人与宝宝讲话的时候，他们已经会注视大人的脸了，在哭泣时若是听到大人讲话，也会不哭了呢。

关键期做关键事!
父母快来测测看 Test

智能自测题

宝宝在醒着的时候,嗓子里是否发出细小而柔和的声音?

正确测试法

刚出生的宝宝几乎整天都在睡觉,大约每天要睡十八至二十个小时。不过,父母在宝宝醒着的时候注意观察他们,看看宝宝的嗓子里是否能够自动地发出细小而柔和的声音。

宝宝达标了吗?

宝宝的嗓子里,能够自动发出任何一种细小柔和的喉音即为合格。

Pass!
宝宝真棒!

提升智能小训练 Training
为宝宝智能飞跃发展加油！

妈妈，你去哪里了？

训练妙法

把宝宝放在舒适的小床里，妈妈要面对着宝宝并且与其视线相对。

然后，妈妈慢慢地转身移动到小床的侧面，一边移动一边对宝宝说："你看，妈妈去哪儿了？"继而再慢慢换个位置，但还要在宝宝的视线里，接着说："宝宝，妈妈在这儿呢。"逗引宝宝乐起来，嘴里发出咿咿呀呀的欢快声音。

Tip

宝宝尚小，所以妈妈的声音不要太大，以免使宝宝受到惊吓，也没必要发出过于复杂的声音。反复与宝宝玩这个游戏，对启蒙和刺激宝宝的语言智能大有益处。

妈妈的声音我最爱哦！

训练妙法

　　宝宝出生后，妈妈可在喂奶或是换尿布的时候，经常用愉快的声音和宝宝说说话，说什么都行，即兴发挥就可以。

　　比如，念念儿歌、说说家里的事情或者哼唱一些优美的歌儿。这样，会使宝宝高兴地发出"啊、啊"的声音来回应妈妈，还会手舞足蹈表达自己愉快的心情呢！

Tip

　　要知道，这种训练还可以培养宝宝的发音和口唇的模仿能力，进而刺激语言发育哦！

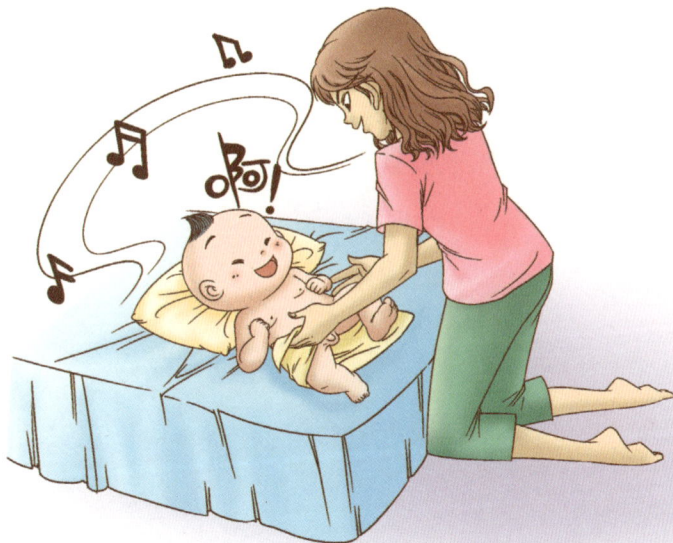

社交行为 Community
宝宝会出现哪些行为特点？

1 **宝宝会追着看身边走动的人**

不要以为宝宝小，身边有人他们也不会在意。事实并不是这样哦，如果你在宝宝的身旁走动，宝宝的两只眼睛会跟随你转动，一直盯着你，不信就来试试吧。

2 **醒时大部分时间在凝视四周**

宝宝在醒着的时候，有时眼睛会明确地注视着某个目标。不过，宝宝的这种兴趣可能并不会太持久，大部分时间还是在漫无目标地凝视着周围。

关键期做关键事！
父母快来测测看 Test

智能自测题

宝宝的眼睛是否能够跟随着走动的人转动？

正确测试法

让宝宝仰卧在小床上，父母故意地在宝宝的视线之内走来走去，观察宝宝的眼睛是否会跟随着他们的走动而转动。

提醒一点！新生宝宝的大脑功能还未发育完善，对于外界的刺激很敏感，过多刺激很容易使他们的大脑疲劳，不利于宝宝正常生长，因而父母要适度测试哦！

宝宝达标了吗？

如果宝宝的眼睛能够追随大人的走动而转动即为合格。

Pass!
宝宝真棒!

提升智能小训练 Training
为宝宝智能飞跃发展加油！

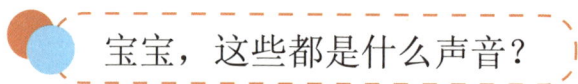

> 宝宝，这些都是什么声音？

训练妙法

宝宝还听不懂语言，所以与他们交往就得采取一些巧妙的办法。父母不妨模仿宝宝发出各种声音，而且还可以不断变化音高和音量。

如果宝宝的反应不明显，父母故意搞出一些奇特的声音来引发他们的兴趣，如放轻音乐、晃动悬挂在小床上的风铃或者做出窸窸窣窣的搓纸声，这都是与宝宝最初交流的好方法。

Tip

除此之外，夸张的肢体语言也是父母与尚不会说话的宝宝交往的一种好方式，这样更容易引起宝宝的注意，而且也会使他们记忆深刻。

听听，是谁在喵喵叫？

训练妙法

宝宝醒来时，父母可以先播放一些轻快的儿童音乐，然后抓住宝宝的一只小手，轻柔地将小手张开，在小手掌里画圆圈。继而，父母的手指再顺着宝宝的小手臂往上画圆圈，一边画一边跟着音乐唱儿歌："一只小猫在花园，太阳底下睡大觉，睡呀睡呀睡醒了，睡醒之后喵喵叫。"儿歌唱完，妈妈对着宝宝发出"喵—喵—喵"的叫声。

Tip

父母的动作要轻柔，语气要活泼，逗乐宝宝，使宝宝情绪愉快，这样有利于宝宝与父母以及周围人建立信任感，促使互动性更快发展。

宝宝智能测试问答

Q 宝宝是个早产儿，他在出生时胎心有些减弱，医生说可能有轻度缺氧。现在我很担心，听说这样的孩子容易发生脑瘫，在家里怎样及早发现宝宝患有脑瘫？

A 在家中及早发现宝宝患有脑瘫，关键在全面观察智能发育的基础上重点关注宝宝运动能力的细微发育过程，观察是否出现发育迟缓或发育异常的各种迹象。

在分娩过程中，胎心不好表明可能有过宫内窒息，而宫内窒息常见的并发症就是大脑缺氧。脑组织对缺氧是非常敏感的，特别是早产儿，由于脑组织发育不成熟，更易导致大脑受损，是而后发生脑瘫的重要因素之一。但也绝不能认为有过宫内窒息的婴儿，必定就会发生脑瘫，脑瘫的致病因素是较复杂的。

在家中及早发现宝宝患有脑瘫，关键在全面观察智能发育的基础上，重点关注宝宝运动方面的细微发育过程，有无出现发育迟缓或发育异常的各种迹象。如果在最晚出现的时限仍不能完成规定的要求，如抬头最晚的出现时限是出生后四个月，这时应考虑可能存在运动发育迟缓，需带到医生那里进一步配合其他检查以确诊。

Q 宝宝比预产期提前四周出生，这样的孩子是否也可以按照测试标准进行测试？如果在发育方面与足月儿有差距，应该怎么办？

A 按照年龄标准对早产儿进行测试是不适合的。因为，按照足月儿出生的标准进行测试，可能会低估宝宝的发育水平。

个体从胚胎期到胎儿期再到新生儿期，是一个连续不断的生长发育过程，其中任何一个阶段的生长，都需要一定的时间才能保证发育上的成熟。由于早产儿提早出世，在测试时需从实际年龄中将早产的周数减掉。比如，宝宝早产一个月就要从实际年龄中减去四周，以所得的年龄为标准对宝宝进行测试。

医学将胎龄小于三十七周的早产儿称为高危新生儿，所谓高危就是容易出现发育迟缓的现象。对这类新生儿需不断定时地进行测试，这样就能够及时发现宝宝发育迟缓的现象。一旦宝宝与足月儿有差距，开始促进性训练是当务之急！

Q 宝宝经常喜欢用左手玩，右手活动得少，因而右手不如左手灵活。这样会影响宝宝的智能发展吗？怎样训练能使宝宝的右手更灵活些呢？

A 宝宝很可能是个左利手，也就是以左手为主。以左手或右手为优势手对宝宝的智力和将来的发展并没有实质性的影响。

父母并不需要刻意去训练宝宝的右手。不过，一些研究发现，左右两边大脑均衡发展能够更好地发掘大脑的潜能。

所以，父母可以让宝宝做一些需要同时使用左右两边大脑的活动，比如自编体操，方法是让宝宝躺在床上，父母握着宝宝的两只小手一起或轮流跟着节拍做弯曲、伸直的动作，然后双脚也这样做；待宝宝逐渐长大到一两岁的时候，也可以让宝宝用手扔球和用脚踢球，要双手和双脚轮流做；还可以在宝宝左边和右边摇铃，训练左右耳和左右眼。这些练习都可以使宝宝左右脑的配合得到训练，促进大脑均衡发展。

父母亲情手记

Love Notes

___年___月___日___时   ___个月___天

测试项目	测试达标时间
大运动	___个月第___天
精细运动	___个月第___天
适应性行为	___个月第___天
语言能力	___个月第___天
社交行为	___个月第___天

亲情留言

- -
- -
- -
- -
- -
- -
- -
- -
- -

珍藏宝宝智能成长之流金轨迹

宝宝照片

四个月

第二个智能飞跃发展关键期

opening

在这一关键期，宝宝的智能发展处于全面发展阶段，帮助宝宝建立咀嚼功能以及逐步培养良好的条件反射和生活习惯非常重要，如用小勺给宝宝喂食、形成规律性的吃奶和睡眠习惯、开始给宝宝把大小便等。

● 让宝宝通过多看、多听、多摸、多闻、多尝等感官刺激提高适应能力。比如，训练宝宝听到铃声后迅速转头去寻找；训练迅速看悬挂的玩具以及移动的物品。

● 在俯卧位练习和巩固抬头动作的基础上开始训练翻身，使宝宝能从仰卧翻身到侧卧。但宝宝完全学会翻身不那么简单和容易，需要经过一个过程。父母要耐心训练，切不要急躁哦！

● 在母子亲情的基础上，让宝宝学会认识亲人、乐意让大人抱、对着镜子看和笑，继而经常与宝宝玩"藏猫猫"游戏，以此激发和培养宝宝的社会交往能力。

大运动 Big sports
宝宝会出现哪些行为特点？

1 小脖颈越来越有力量了
经过几个月的生长发育，宝宝小脖颈肌肉的控制能力逐渐增强。快看宝宝哦，在俯身趴在小床上的时候，竟然能把头和小胸脯神奇地抬起，与床面形成大约九十度角呢。

2 宝宝会摆出"游泳"姿势
宝宝的小本事越来越大，当他们俯身趴在小床上的时候，还能摆出一副"游泳"的姿势——胸部和腹部贴在床面上时，小胳膊小腿可以完全伸直并且展开，好可爱的样子哦！

3 拉着坐起来时小脑袋不那么后仰了
宝宝的小脖颈越来越有力量了！不像出生四周的时候那样，被拉着坐起来时由于颈部肌肉的支撑力较小，小脑袋总是那么明显地后仰，仅是在一开始时有点后垂。

关键期做关键事！
父母快来测测看 Test

智能自测题

宝宝俯卧时，能自己把小脑袋抬起来并且达到九十度角吗？

正确测试法

让宝宝俯身趴在小床上，小脸朝下，父母在旁边用色彩鲜艳的逗引玩具吸引宝宝抬头，观察宝宝能不能自己把小脑袋抬起来并且离开床面，与床面形成九十度角。

提醒一点！宝宝俯卧的时候，一定要注意松开他们的衣服，让两只小手扒在床上，这样可以让两只胳膊帮助身体做一些支撑。

宝宝达标了吗？

宝宝自己把头抬起来并能离开小床面，大约与床面形成九十度角即为合格。

Pass!
宝宝真棒！

提升智能小训练 Training
为宝宝智能飞跃发展加油！

宝宝，快快爬爬哦！

训练妙法

宝宝吃饱睡足醒着的时候，通常情绪都会很好，小嘴里经常会咿咿呀呀地叫着。

这时，父母不妨先让宝宝俯身趴在床上，然后轻轻地推动着宝宝的小脚丫，促使宝宝向前爬。虽然这么大的宝宝还不可能学会爬，但是经常进行这种训练可为日后爬行动作打下良好的基础。

Tip

由于宝宝还很小，所以每次训练时间不要过长，以免宝宝因疲劳而烦躁哭闹起来。

宝宝，快快翻身哦！

训练妙法

妈妈拍拍手或用玩具不断逗引仰卧在床上的宝宝，促使宝宝的小脸转向左侧或右侧。

这时，妈妈用手轻轻扶好宝宝的背，促其身体转向侧面。当宝宝向侧面翻身时，妈妈要边称赞边在旁帮助宝宝翻成俯卧姿势。待翻成俯卧位后，先让宝宝玩一会儿，然后帮助宝宝翻回仰卧位。

Tip

提醒父母，不要在宝宝刚吃完奶就进行练习，以免引起吐奶。训练的过程中要注意让宝宝休息，避免让宝宝疲劳，否则就会降低训练的兴趣哦。

精细运动 Fine motor
宝宝会出现哪些行为特点？

1 宝宝会玩自己的两只小手了

虽然好玩的玩具会吸引宝宝，但是宝宝逐渐会发现，除了玩具之外自己的两只小手也很好玩哦。于是，他们经常会把小手凑到一块儿自娱自乐，玩得优哉游哉呢！

2 宝宝会一边摇拨浪鼓一边看

宝宝生来喜爱拨浪鼓，但在此之前也只是把拨浪鼓紧紧地攥在手里而已。

到了十六周时，父母把拨浪鼓放在他们的手里，宝宝不仅能够攥在手里，还能一边摇动一边看，小能耐越来越大了。但是，如果拨浪鼓掉下来，宝宝不会再拿起来哦。

关键期做关键事！
父母快来测测看 Test

智能自测题

将拨浪鼓放到宝宝的小手里，宝宝会一边摇动一边看吗？

正确测试法

让宝宝仰卧在床上，父母将拨浪鼓放到宝宝的小手里，鼓励他们去摇动拨浪鼓，观察宝宝是否先将拨浪鼓拿到眼睛的中线部位注视着，然后摇动起拨浪鼓。

提醒一点！如果宝宝不愿意做，父母可以先做一下示范给宝宝看，调动一下情绪哦。

宝宝达标了吗？

宝宝会把手中的拨浪鼓拿到两眼中间的地方注视，而且会主动摇几下即为合格。

Pass!
宝宝真棒!

031

提升智能小训练 Training
为宝宝智能飞跃发展加油！

我是小彩球的追星族！

训练妙法

小彩球很漂亮，宝宝看了会很喜欢，怎样让宝宝"穷追不舍"？父母抱着宝宝，面前放一些小彩球。

一开始，把小彩球放在宝宝一伸手就能抓到的地方，待宝宝会伸手抓握后，将小彩球逐渐移到远一些的地方，让宝宝再伸手去抓。接着，在更远的地方放一些小彩球，鼓励宝宝继续伸手向远处抓。

Tip

可以训练宝宝接近、触摸和摆弄物体以及手部的主动抓握能力。注意一点，训练宝宝抓握的玩具最好经常更换，以免宝宝对训练失去兴趣。

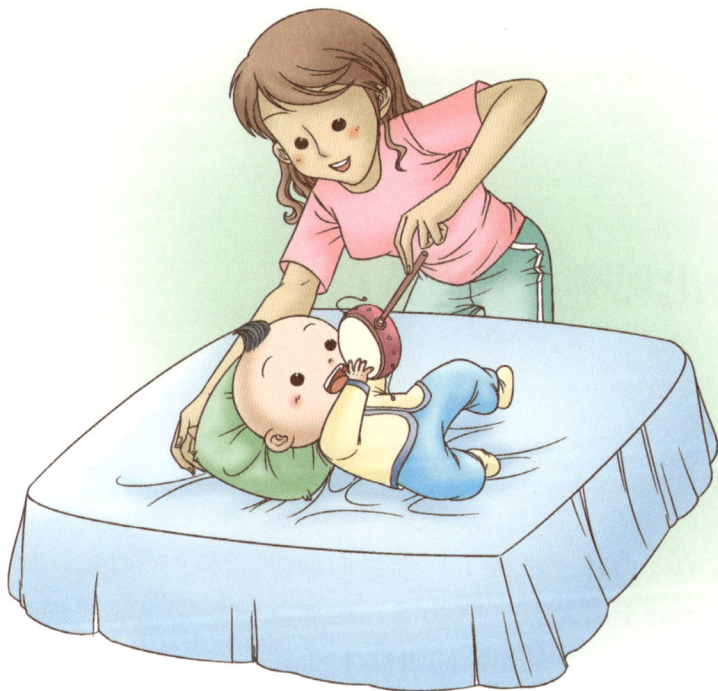

哇塞！宝宝真能干哦

训练妙法

在宝宝的小床上系一个可以晃动的逗引玩具，或妈妈拿一个拨浪鼓来回晃动。当宝宝仰卧在小床时，先把玩具放在宝宝伸手就能摸着的高度。待宝宝摸到后，不妨把玩具再稍稍升高一点儿，鼓励宝宝继续伸手去抓，并让玩具晃动起来。经常让宝宝练习，最终他们能够用双手一前一后地将玩具抱住。

Tip

宝宝每次抱住玩具，都会高兴地笑出声。通过多次训练，不仅能够提升宝宝的视觉和够物能力，还可培养其意志力，也可以启蒙宝宝的成就感。

适应性 Adaptability
宝宝会出现哪些行为特点？

能很迅速看到眼前悬挂的东西

1 宝宝的视力越来越棒了！当他们仰卧在床上的时候，如果在小床的上方悬挂一些物品，比如红球，宝宝能很快就注意到并且去看。若是在他们的眼前来回晃动小丸（葡萄干或小糖豆等），宝宝也能注意到哦。

宝宝对声音开始有定向力了

2 嗬，宝宝的小耳朵越来越管事了。如果在他们身后晃动小铜铃，宝宝不仅会对小铜铃发出的清脆而响亮的声音产生注意，还会转过头去寻找声音是从哪里发出来的，这表明宝宝对声音有定向力了。

关键期做关键事！
父母快来测测看 Test

智能自测题

在宝宝的身后摇动小铜铃，宝宝会转过头去找声音吗？

正确测试法

妈妈把宝宝抱坐在怀里，爸爸站在妈妈身后，在宝宝一侧耳边大约十五厘米处摇动小铜铃（声音必须响亮但不是刺耳的），观察宝宝有何反应，是否转头去寻找发出声音的东西。

提醒一点！要在宝宝耳朵水平方向摇动小铜铃，以免影响测试结果。

宝宝达标了吗？

宝宝听到小铜铃的声音后会转头寻找声源，一侧耳朵通过测试即为合格。

Pass！
宝宝真棒！

提升智能小训练 Training
为宝宝智能飞跃发展加油!

瞧瞧,镜子里是谁呀?

训练妙法

父母抱着宝宝到大镜子前,一边让宝宝看着镜子里面的影像,一边对宝宝说:"瞧瞧,镜子里这是谁呀?是不是宝宝呢?"调动宝宝的好奇心,同时把宝宝的小手拿起,放在镜子上让其摸一摸,通过触觉让宝宝感觉一下自己的手。父母也可对镜子作笑脸,逗逗宝宝,让他们产生愉快情绪。

Tip

反复训练可使宝宝对镜子里的影像发生兴趣,能够促进宝宝的自我意识逐渐萌芽,有益于日后走向社会建立自信心。

咦，这都是些什么声音？

训练妙法

除了多让宝宝听各种玩具发出的声音，还应该创造机会让宝宝多听听自然界的各种声音。

生活中碰到下雨声，就赶快对宝宝说："快听呀，这是什么声音？哦，是下雨声。小雨小雨沙沙沙，小雨小雨沙沙下……"还可以让宝宝听刮风声、鸟叫虫鸣声、走步声、关门声等，还有汽车、火车或某些乐器发出的声音，在听的时候最好配上能描述相应声音的儿歌。

Tip

要知道哦，自然的声音是最好的，是促进宝宝视听觉飞跃发展的最好素材。

哈！我看得越来越清楚了

训练妙法

宝宝在四个月大时能由近看远，再由远看近。把一个有黑白相间条纹的圆筒放在宝宝眼前，同时水平方向移动圆筒，使宝宝的眼球追随着圆筒来回地转动。

Tip

黑白相间条纹的圆筒在宝宝眼前移动可以促进视力发育，帮助宝宝提高环境适应能力哦！

语言能力 Language
宝宝会出现哪些行为特点？

1 宝宝咿呀作语的声音变长了

宝宝一天天长大，变得越来越会"说"了。父母会发现，宝宝咿呀作语的声音逐渐变长，在安静的时候还会呢喃自语。不过，宝宝有时发出的声音没有音节也无意义哦。

2 宝宝能够自己大声地笑了

宝宝越来越活泼了，能自己高声地叫喊，嘴里还能发出好听的声音，父母逗引时即使并没有碰他们的身体，也会自己大声地笑。如果父母逗弄宝宝，宝宝会表现得更出彩哦，多去逗引一下宝宝吧。

关键期做关键事！
父母快来测测看 Test

智能自测题

宝宝在安静的时候，能不能自说自话呢？

正确测试法

在宝宝睡醒的时候，父母注意观察他们是否在那里自言自语，但是宝宝发出的是无音节、无意义的声音。

提醒一点！要注意在宝宝安静的时候进行测试，这样才不容易影响结果的准确性。

宝宝达标了吗?

宝宝在安静情况下会自言自语，但发音无音节、无意义即为合格。

Pass！
宝宝真棒!

提升智能小训练 Training
为宝宝智能飞跃发展加油！

哈哈！我的发音很不错哦！

训练妙法

在宝宝醒着的时候，父母可以不断逗引宝宝，或者经常与宝宝说说话，以刺激宝宝发声，促使宝宝咿呀作语。

可以逐渐延长宝宝咿呀作语的时间，也可以拿色彩鲜艳带响的玩具，在宝宝面前一边摇一边说"拿！拿！"鼓励宝宝发出"na"的声音。

Tip

也可以用同样的方法鼓励宝宝发更多的音，比如看到图片中的马，就对宝宝说"这是马（ma）"逗引宝宝发出此音。

妈妈，你是在叫我吗？

训练妙法

　　父母和宝宝一起玩耍的时候，要有意地多叫宝宝的名字，以促使其发声。父母先用亲切的声音在宝宝背后叫其乳名，待宝宝听见后，把头转过来看着父母的时候，父母要一边对宝宝笑一边说："啊，是在叫你呀，真乖！"宝宝听到后，经常会做出"啊啊啊"的回应，小模样特别可爱，会让父母很开心！

Tip

　　在这一过程中，既可以使父母与宝宝的关系更为密切，又可以促进宝宝的听力和语言能力发展。

社交行为 Community
宝宝会出现哪些行为特点？

1 宝宝开始认识亲人了

宝宝虽然还是一个小婴孩，但是随着一天天长大，变得越来越聪明了，开始认识自己的亲人，很喜欢被别人抱起来哦。同时，宝宝也开始对周围的一切感兴趣了，而且"爱憎分明"，表现出满意或者不满意。

2 食物或玩具会让宝宝兴奋

食物或者玩具宝宝依旧很爱哦！当他们看到父母准备食物或者给予自己玩具，会表现出很兴奋的样子。好玩的是，与仰卧的宝宝做游戏，宝宝还能拉着衣服遮盖自己的脸呢。

关键期做关键事！
父母快来测测看 Test

智能自测题

宝宝见到妈妈或者其他亲人，会出现很兴奋的表情吗？

正确测试法

在生活中注意观察宝宝，看看宝宝在看到妈妈或家中的其他亲人时，或者是听到亲人的声音时，他们会出现什么表情变化。提醒一点，最好在宝宝精神比较集中或者情绪较好的时候进行测试，以免影响测试结果的准确性。

宝宝达标了吗？

见到妈妈或者其他亲人，宝宝表情兴奋，变得高兴起来即为合格。

Pass!
宝宝真棒！

043

提升智能小训练 Training
为宝宝智能飞跃发展加油！

哇！和妈妈玩藏猫猫真好玩

训练妙法

做躲猫猫游戏时，父母先用一张白纸遮住自己的脸，稍过片刻再将白纸迅速拿开，然后微笑着与宝宝说话。

一开始，宝宝也许不会有什么反应，但经常和宝宝玩这个游戏，以后只要父母把遮在脸上的纸一拿开，宝宝就会高兴地咯咯笑起来，小胳膊小腿还乱踢蹬着，美滋滋的！

Tip

和这个年龄段的宝宝经常玩藏猫猫的游戏，对宝宝的社会能力开发大有益处，可以启蒙并且培养宝宝对别人的信任度。

宝宝，快对爸妈笑笑哦！

训练妙法

父母可以经常通过各种方式逗引宝宝发笑。比如，经常抱着宝宝亲吻或抚摸，或者经常给宝宝唱唱歌等；每次宝宝吃饱后以及醒着的时候，父母都要脸上带着微笑与宝宝对视着说话，并用和蔼亲切的声音逗引宝宝笑。

Tip

宝宝的这种笑，是他们博得别人尤其是父母喜爱的最有力手段，可表达出宝宝与人交往的快乐。

Q 宝宝四个月大。宝宝的爸爸听力不太好，怎样能够发现宝宝的听力是否正常呢？如果听力差是否会影响语言发育？在家里该对宝宝如何进行训练？

A 父母在家里可以先对宝宝进行一些简单的听力测试，观察一下宝宝的反应。听觉是获取语言信息的主要来源，听觉能力的强弱直接影响到一个人的语言发展水平。

正常情况下，在两个月大的时候，宝宝会用眼睛寻找声源；四个月大的时候，宝宝会转头找声音；六个月大的时候，大人在宝宝的背后拍手或者叫其名字或者敲门，宝宝会立即转头；十个月大左右，听到大人的指令如欢迎、再见、拍拍手，宝宝会做出相应的动作。宝宝四个月大，父母可以先在家里对宝宝进行一下简单的听力测试：比如在宝宝身后拍拍手、摇摇铃、用闹钟的闹铃等发出一些响声，看看宝宝的反应。如果宝宝对这些测试有反应，听力就不会有太大问题。

听觉是获取语言信息的主要来源，听觉能力的强弱直接影响到一个人的语言发展水平。从小对宝宝进行倾听训练只有益处，没有坏处。对于四个月大的宝宝，主要进行听觉分辨训练，训练方法可以因地制宜。不妨打开家里的音响，放出优美的音乐，宝宝正在听的时候突然关上音响，这样可以训练宝宝对声音的开始和结束做出反应；也可以在宝宝左边、右边拍手，或者是利用有关玩具配以相应的声音如汽车声、火车声、动物叫声等，逗引宝宝不停转动头寻找声音。要知道，这些训练还能够使宝宝将声音与具体事物结合起来，从而提高认知能力。

Q 宝宝七个月大了，但是目前他还只是会咿咿呀呀地发音，不会发 ma、ba的声音，宝宝是不是发音迟缓呢？

A 在判断婴儿语言发展的问题上，特定语言行为出现的早晚并不一定是唯一的标准，更重要的是看宝宝的语言能力是否在不断进步。

零至一岁是宝宝语言习得的重要时期。在这一阶段语言习得最重要的成就之一，就是通过大量发声练习掌握语音系统。

大量的科学研究表明，婴儿出生三个月后能够逐步发出清晰可辨的元音，如a、o；六至八个月开始能够将辅音如d、m与元音连起来发出"da-da"、"ma-ma"的声音，但婴儿在六个月前一般较少发出辅音与元音相连的完整音节。

父母应该密切注意宝宝语言发展的进程，这对于宝宝的健康成长是极为重要的。与此同时，父母也要认识到宝宝的发育既具有年龄阶段特征，同时也存在个体差异。因为，在特定的年龄阶段，婴幼儿的咿呀学语有一些典型的表现，在一定程度上可以成为父母客观地评估和监控宝宝发展的参照指标，但是在具体行为特征以及特定行为出现的具体时间、频率等方面，不同的宝宝又存在个体差异。

因而，在判断宝宝语言发展的问题上，特定语言行为出现的早晚不是唯一的标准，更重要的是看宝宝的语言能力是否在不断进步。不过，若是宝宝的语言能力发育一直迟缓，这就需要父母尽快咨询专家，尽早采取科学的干预措施。

父母亲情手记

Love Notes

___年___月___日___时　　　___个月___天

测试项目	测试达标时间
大运动	___个月第___天
精细运动	___个月第___天
适应性行为	___个月第___天
语言能力	___个月第___天
社交行为	___个月第___天

亲情留言

- -
- -
- -
- -
- -
- -
- -
- -

珍藏宝宝智能成长之流金轨迹

宝宝照片

七个月

第三个智能飞跃发展关键期

opening

这一关键时期，最重要的是社交行为的培养。这么大的宝宝很爱笑，可以通过照镜子、拍打或亲吻镜中自己的影像，以及父母搔小手臂和小胸脯多逗引宝宝发出笑声，促进父母与宝宝建立稳固的亲密关系。

进一步发展眼手协调的能力，生活中多与宝宝玩"指鼻"游戏。当父母说鼻子而宝宝真用小手指自己的鼻子的时候一定要多多鼓励和称赞哦！

发展宝宝对语言的理解能力，引导宝宝用动作来回答问题，比如"再见""欢迎"等，让宝宝多与小朋友玩耍也是培养语言和交往能力的好方法。

这一阶段的宝宝容易发生分离性焦虑，见到生人常常会怕生、害怕或排斥，与家人分离后会不安、忧虑甚至哭闹。

大运动 Big sports
宝宝会出现哪些行为特点？

1 宝宝能坐还能翻身了

到了这个月份，随着背部肌肉力量的逐渐增强以及大脑的不断发育，宝宝的大运动能力越来越强。看呀，宝宝在较平稳的地方不用什么东西支撑着，也可以自己坐得很自如了，还能够自己从仰卧位翻成俯卧位，并很好地爬行。

2 宝宝能扭着小屁股爬行

用玩具逗引宝宝，宝宝能手和膝挨床面，匍匐地扭着小屁股，拖着自己一点点地向前移动。还见长的小本事是，若是被扶着站起来，不仅会高兴地上下跳动，还能支撑自己的大部分体重了。

关键期做关键事！
父母快来测测看 Test

智能自测题

宝宝能不用手支撑，也能自己稳坐在小床上保持一定的时间吗？

正确测试法

宝宝在小床上坐的时候，父母注意观察他们是否不用双手支撑床面，也能够坐得很稳当，而且时间也比以前长了。

提醒一点！脑瘫的患儿大运动能力不能达到正常水平，较为低下，往往坐得不稳，身体会向后倒，两腿夹紧。

宝宝达标了吗？

宝宝不用手支撑床面，也能较稳地独坐十分钟以上即为合格。

Pass!
宝宝真棒!

提升智能小训练 Training
为宝宝智能飞跃发展加油！

真牛！宝宝爬得多棒

训练妙法

当宝宝的两条小腿具备了一定的交替运动能力后，每当趴着的时候，父母不妨在宝宝前面放一个他们喜欢的玩具。

为了拿到玩具，宝宝往往会使出全身的力量向前匍匐地爬。如果宝宝没有向前爬反而往后退，父母可以双手稍用力，顶住宝宝的两条腿，给腿部添加些支持力，促使宝宝继续往前爬。

Tip

父母要坚持对宝宝进行训练，这样要不了多久，宝宝就学会用手和膝盖带着身体往前爬了。

哈哈！玩具被我抓住了

训练妙法

　　当经过一定时间的爬行训练，宝宝逐步由原先手膝爬行发展到手足爬行，爬行动作也由不熟练、不协调转变为较熟练和较协调时，父母可以用一些宝宝心仪的玩具，逗引他们兴高采烈地一会儿向前爬，一会儿向后爬，一会儿向左爬，一会儿向右爬，一会儿快速爬，一会儿转着弯爬，增加各种爬的花样。

Tip

　　总之，父母要积极创造各种条件对宝宝进行多种花样的爬行训练，增强全身肌肉的力量，促进宝宝大运动能力的提升。

咦，妈妈怎么变了样？

训练妙法

　　可让宝宝在干净地毯上练习爬。每次练累休息后，妈妈悄悄戴上一个动物面具，如大老虎等。妈妈突然变样了会让宝宝感到惊喜，并追逐爬行，由此诱导宝宝快速爬行。

Tip

　　寓教于乐地让宝宝练习爬行动作，会提高宝宝的运动兴趣，事半功倍哦！

精细运动 Fine motor
宝宝会出现哪些行为特点？

1 宝宝能把小丸耙弄到手

宝宝的小手越来越能干了。看到桌子上面的小丸，宝宝会把所有的手指都弯曲，做出耙弄和搔抓的动作，最终用拇指和其他几个手指把小丸耙弄到手。

2 能把积木从一只手换到另一只手

宝宝会用积木（边长两点五厘米的红色正方体，后面所指的积木都是如此大小）敲桌，还会把积木从一只手换到另一只手里。

而且，宝宝变得越来越"贪婪"了，即使手里拿到了一块积木也仍不罢手，还会用另一只手再去拿一块积木，但宝宝不会扔掉先前手里所拿到的积木哦。

关键期做关键事！
父母快来测测看 Test

智能自测题

宝宝用全手掌，能把小丸成功地耙弄到手吗？

正确测试法

父母抱着宝宝坐在桌子（儿童专用小方桌）旁边，把一粒小丸放在桌上，一边说着鼓励的话一边让宝宝去取，观察宝宝是否能用全手掌把小丸成功地扒弄到手里。

提醒一点！全手掌扒弄是指宝宝整个手所有的手指都弯曲，一起做扒弄、搔抓的动作。

宝宝达标了吗？

宝宝会用全手掌去扒弄小丸，最终成功抓到小丸即为合格。

Pass!
宝宝真棒!

提升智能小训练 Training
为宝宝智能飞跃发展加油！

瞧瞧！我的小手最灵巧

训练妙法

为了让小手发育得更灵巧，在父母的监护下让宝宝练习捏小丸。

把宝宝抱到桌子前，在盘子里放一粒小丸和一个无色透明广口瓶（容量约三十毫升）。先给宝宝示范一下怎样捏起小丸，然后鼓励他们用手指去捏，特别是用拇指和食指去捏，捏好后再鼓励宝宝放进小瓶里。

Tip

父母注意哦，训练过程中要一直密切监护宝宝，以免不谙世事的宝宝将小丸放到嘴里，不慎呛入气管，引发意外发生。

听哦！小动物叫声交响曲

训练妙法

父母给宝宝准备一些造型可爱的塑胶玩具，如小狗、小猫、小鸭子等。玩具拿给宝宝看后，父母不妨先在宝宝面前捏一捏，小狗玩具会发出"汪汪汪"的叫声；小猫玩具会发出"喵喵喵"的叫声；小鸭子玩具会发出"嘎嘎嘎"的叫声……然后鼓励宝宝去捏出各种小动物的叫声。

Tip

捏塑胶玩具的动作，不仅能使宝宝的拇指和食指的肌肉得到锻炼，还可以帮助他们增强手掌的抓握能力以及手指的灵活性。

057

适应性 Adaptability
宝宝会出现哪些行为特点？

1 宝宝能伸手取远处的东西了

宝宝越来越不安于现状了，原来只是对距离自己近一些的东西感兴趣，比如在离他们很近的桌面上放一件物品，宝宝看见后会伸手去拿。

但是，现在如果把某些物品放在桌面稍远些的地方，只要逗引宝宝让其注意到，宝宝也会伸手去取哦。

2 宝宝会拿小铃敲打桌面了

嘿！宝宝的小本事真是日益见长。如果把小铃放在桌子上，宝宝不仅能够把小铃取到手里，而且还会乐此不疲地敲打着桌面呢。

关键期做关键事！
父母快来测测看 Test

智能自测题

宝宝会把积木倒手，并且再拿另一块积木吗？

正确测试法

妈妈让宝宝坐在自己膝盖上，先递给宝宝一块积木，待拿住后往已经拿了积木的这只手里再递一块积木，观察宝宝会有怎样的反应。

提醒一点！传递时积木要直接从宝宝的手里倒到另一只手里，而不是先放在桌子上或者嘴里哦。

宝宝达标了吗?

宝宝先把第一块积木换到另一只手里，然后再去拿第二块积木即为合格。

Pass!
宝宝真棒!

提升智能小训练 Training
为宝宝智能飞跃发展加油!

> ### 宝宝，快来认认鼻子哦!

训练妙法

教宝宝认识身体第一个部位。父母和宝宝对坐，先指着自己的鼻子说"鼻子"，再把住宝宝的小手，指着他们的鼻子说"鼻子"，每天重复一至两次。

之后，父母抱着宝宝面向镜子，把住宝宝的小手指他的鼻子，再指自己的鼻子，重复说"鼻子"。

Tip

持续七至十天的训练后，当父母再说鼻子时，宝宝没准就会用小手指自己的小鼻子了，这时父母要好好地夸夸宝宝哦!

宝宝，快去拿玩具啊！

训练妙法

父母和宝宝一起坐在床上或地毯上，在宝宝伸手可及的地方放一条毛巾，并且在毛巾一端上面放一个宝宝喜爱的玩具。父母可指着玩具说："宝宝的玩具在那儿，快去拿呀。"然后注意观察宝宝的反应，同时试着拉毛巾，取玩具给宝宝看，并对宝宝说："毛巾拉过来就可以拿到玩具了！"

Tip

让宝宝不断地模仿，通过这种训练可以让宝宝学会解决问题的方法。

语言能力 Language
宝宝会出现哪些行为特点？

1 宝宝会叫"妈妈"了

到了这个月份，宝宝会让妈妈特别有自豪感，因为宝宝的小嘴里会经常地发出"ma-ma"的双唇音，就好似在叫"妈妈"。同时宝宝的小嘴里也会发出"da-da"的声音。

不过，宝宝这个时候发出的所谓"妈妈"的声音，并没有什么所指哦。

2 对自己的名字有反应了

宝宝又带给父母惊喜了。如果父母或者其他的人在宝宝的背后呼叫其名，宝宝就会听到，并且会转过头，已经对自己的名字有反应了。

关键期做关键事！
父母快来测测看 Test

智能自测题

宝宝会发出"da-da"、"ma-ma"等声音吗？

正确测试法

在宝宝醒着的时候，父母要注意观察宝宝发出的声音，比如是否能发出"da-da"、"ma-ma"等音，还应该注意观察宝宝所发出的声音是否有所指，比如发出"ma-ma"的声音是否在叫妈妈。

提醒一点！如果宝宝没有反应，除影响测试的干扰因素外，父母要留心宝宝的听力，建议去医生那里做一下测试。

宝宝达标了吗？

宝宝会发出"da-da"、"ma-ma"等声音但并无所指即为合格。

Pass!
宝宝真棒！

提升智能小训练 Training
为宝宝智能飞跃发展加油！

哇！泡沫泡沫真好玩

训练妙法

音乐优美又富有节奏感，儿歌也很朗朗上口，父母可以通过音乐和儿歌来促进宝宝的语言发展。

经常给宝宝播放一些旋律轻快又好听的歌曲，还可以结合生活情景给宝宝编一些儿歌。比如，给宝宝洗澡时，不妨一边洗一边说：泡沫泡沫这么多，泡沫泡沫真好玩……

Tip

采取这种方法开发宝宝的语言能力，会让宝宝觉得有趣又快乐，一点也不枯燥，而且音乐和儿歌还能陶冶宝宝的情操呢。

语言游戏小玩家！

训练妙法

在宝宝情绪好的时候，妈妈对宝宝说："唱儿歌喽！"可以把很多生活中的动作或表情与语言结合起来随意创编语言游戏，启发宝宝的语言能力发展。

比如，妈妈一边唱"小鼻子伸过来，和大鼻子碰一碰"，一边凑近宝宝，去碰宝宝的小鼻子；妈妈拿起宝宝的小手，一边做抓挠的动作一边唱"宝宝小手小手，抓挠抓挠抓挠，抓挠抓挠抓挠"；或者也可以让爸爸给宝宝一个小玩具，妈妈一边唱"宝宝好喜欢，谢谢好爸爸"一边教宝宝做拱手谢谢的动作。

Tip

七八个月大的宝宝发音能力还很有限，经常做动作与语言结合的小游戏能够发展宝宝对语言的理解力，还有助于宝宝日后不断地"冒话"。

社交行为 Community
宝宝会出现哪些行为特点?

1 看到镜子里的人又拍又打

宝宝已经有与人交往的愿望了。如果父母抱着宝宝到大镜子前，宝宝看到镜子里出现的人会很高兴，又拍又打，还会做出亲吻、微笑等丰富的表情呢，很好笑哦。

2 宝宝会做拍手的动作了

当父母对着宝宝做拍手动作时，宝宝会随着大人的拍手动作而拍手。多次反复这样训练，之后宝宝再听到"拍手"这个词后，就会做出拍手的动作了。

关键期做关键事！
父母快来测测看 Test

智能自测题

宝宝对镜前游戏有反应吗？

正确测试法

所谓镜前游戏，就是妈妈先把宝宝抱到一面大镜子前，然后对宝宝说："快来看这是谁呀。"鼓励宝宝看镜中的影像。当宝宝看时，妈妈要注意观察他们会出现一些什么反应。

提醒一点！镜子一定结实、无裂痕、安放稳固，以免宝宝拍打时破碎或掉落，伤及宝宝。

宝宝达标了吗？

宝宝对镜中的影像做出拍打、亲吻、微笑等表情即为合格。

Pass!
宝宝真棒!

提升智能小训练 Training
为宝宝智能飞跃发展加油！

> 来呀！和妈妈跳个舞吧

训练妙法

家里播放优美的音乐，妈妈抱着宝宝并对其轻声说："来呀，和妈妈跳个舞吧！"

然后一只手托着宝宝的小脑袋，另一只手托着宝宝的背部，随着音乐向前、向后晃动宝宝的身体，一边跳一边称赞宝宝："看呀，宝宝跳得真好啊！"待乐曲结束后，妈妈再对宝宝说："谢谢你陪妈妈跳舞哦！"

Tip

跳舞可以让宝宝在愉快的音乐中感受与人交往的快乐，调动和培养宝宝与人交往的欲望和意识。

人见人爱的礼貌宝宝！

训练妙法

父母离家上班或者与别人告别的情景，都不妨借机让宝宝练习礼貌用语。比如，父母可以扶着宝宝的小手，边对人招手边说"Bye-bye"。只要经常练习，宝宝很快就会理解这个动作的意思了。和宝宝在一起的时候，还可以边拍手边说"欢迎，欢迎！"

Tip

边说边做动作的训练，能让宝宝把拍手的动作和"欢迎"的含义联系起来，还可以促使宝宝产生愉快的情绪，有益于心理发展。

宝宝智能测试问答

Q 宝宝七个月大了，让他捏小东西，可是他总是做得不太好，而邻居家与他同样大的宝宝，人家的小手指就很灵巧，一下子就能达到要求了。这使我有些着急，怎样在家里对宝宝进行训练呢？

A 宝宝过了七个月后，手的动作会变得越来越灵活，进入拇指与食指对捏动作发展的关键阶段，父母可以抓住这一时机对宝宝多加训练。

宝宝在七个月大的时候，小物品需要全手掌才能扒弄到手，还不能很好地用拇指和食指对捏东西，因此家长不要太着急。宝宝一般在七个月后，就会逐渐学会用大拇指与其他四个手指分开拿东西，尤其食指的能力会有很大的提高，进入拇指与食指对捏动作发展的关键时期。需要提醒的是，这一时期的宝宝正处于探索世界的萌芽阶段，他们抓到物品后往往喜欢看看摸摸、敲敲打打，还经常会放在嘴里吮吮、舔舔、咬咬。父母要抓住时机对宝宝多加训练，促进宝宝的智能飞跃发展。

Q 宝宝十个月大，但是他还爬得不好，不过站立挺稳的。宝宝的爸爸说，爬得怎样不要紧，站得好就会走得好，走得好更重要，是这样吗？爬得不好会不会对宝宝有影响？

A 宝宝先学会坐、再学会爬、最后学会走路，这是自然的成长规律。

宝宝的成长过程并不是为了行走这个唯一目的，坐和爬可以分别锻炼宝宝不同骨骼与肌肉的发育，以及每一种体位的平衡性，并积极地促进大脑相应部位的发育。

特别是爬行有它独特的功能，父母一定要培养宝宝爬行的兴趣和能力。可以故意把宝宝放成趴在床上的姿势，然后在他的眼前、距离手比较近的地方放一个新奇的玩具，迫使他做出爬行的动作才够得着。如果宝宝够着了，再把玩具放得稍微远一点，为宝宝创造努力爬行的空间。这样每天训练几次，每次训练几分钟，宝宝渐渐就会对爬行感兴趣了，也能逐渐爬得越来越好了。

Q 宝宝十八个月大，会叫爸爸、妈妈了。但我们教他说一些别的话，宝宝总是不说，是否语言发育有些落后呢？

A 这么大的宝宝还处于语言准备期，特点是听得多、懂得多但说得少，不一定就是语言发育落后。

宝宝往往需要别人帮助时才会偶尔说一些简单的词语，并且具有一词多义的特点。比如，他们虽然只是叫一声"妈妈"，但可能是要"妈妈抱"的意思，也可能是"妈妈不要走"或"妈妈陪宝宝玩"的意思。因此，宝宝虽然说话少，却不一定就是语言发展落后。很多的宝宝虽然开口说话较晚，但储存在大脑的语言素材不少。随着语言器官的不断发育成熟，有一天会突然开口讲出很多话，而且词汇丰富，甚至很快超过一些说话早、说话多的孩子。

所以，对于语言准备期的宝宝，父母要利用各种机会与他们交谈。当宝宝想要某个东西的时候，要清晰地告诉他们物品或食物的名称；想玩某个游戏的时候，要跟他们讲这是什么游戏。父母的角色就像解说员一样，尽量把在日常生活中宝宝所接触的事物和活动多讲给他们听，让他们多看、多理解。一切都准备好了，宝宝自然就会开口说出很多话了。

父母亲情手记

Love Notes

___年___月___日___时   ___个月___天

测试项目	测试达标时间
大运动	___个月第___天
精细运动	___个月第___天
适应性行为	___个月第___天
语言能力	___个月第___天
社交行为	___个月第___天

亲情留言

- -

- -

- -

- -

- -

- -

- -

- -

- -

珍藏宝宝智能成长之流金轨迹

宝宝照片

十个月
第四个智能飞跃发展关键期

opening

在这一关键期，开发宝宝的语言功能，训练宝宝能够听懂大人们说的简单话语，练习模仿发音以及培养宝宝的说话能力更为重要哦！

进一步开发宝宝的大运动能力，多训练宝宝独自站立、站起来坐下、翻滚等大动作，多让宝宝做婴儿主动体操，为日后独自行走打下良好的基础。

进一步促进宝宝手、眼、脑的协调发展能力，抓住关键期这一有利时机，多让宝宝做手指捏取细小物品的灵活性和准确性的训练，加快捏取速度。

进一步促进宝宝的语言能力和社交能力发展，注意培养宝宝每天定时睡眠、按时进餐、定时排尿、排便坐盆以及练习用杯喝水、用小勺吃饭等良好生活习惯。

大运动 Big sports
宝宝会出现哪些行为特点？

1 宝宝能自己站起来了

宝宝的大运动能力越来越强了。如果把他们放在带着栏杆的小床里，或是宝宝在自己周围有栏杆的地方，不用别人的帮助，宝宝拉着栏杆甚至不用扶其他物品，就可以自己站起来。

2 宝宝能拉着东西坐起来了

宝宝带给父母的惊喜也越来越多。当他们在有栏杆的小床里或者是其他有扶手的地方躺着的时候，能拉着床栏杆或是某些借助物自己坐起来，而且坐得也比以前更加稳当了。

关键期做关键事！
父母快来测测看 Test

智能自测题

宝宝能自己用手拉着床栏杆站立起来吗？

正确测试法

让宝宝坐在小床靠近围栏的地方，父母在床栏杆上放一个玩具，逗引并鼓励宝宝站起来去拿，看看宝宝能不能自己拉着小床栏杆站起来，并且站直身体。

提醒一点！父母不要去帮助宝宝，要让宝宝自己完成哦，这样才能测出准确结果。

宝宝达标了吗？

在玩具的吸引下，宝宝不依赖大人的帮助，自己用手拉着栏杆站起且很稳当地站在床上，身体完全站直即为合格。

Pass!
宝宝真棒!

提升智能小训练 Training
为宝宝智能飞跃发展加油！

哈哈！我抓到大气球喽

训练妙法

在宝宝的小床上方，悬挂一个吸引宝宝眼球的色彩鲜艳的大气球。

当宝宝扶着小床的围栏站立时，父母不妨把大气球在宝宝眼前来回晃动几下，逗引宝宝不断地去抓碰大气球。在这个过程中，随着大气球左右晃动，可以增强宝宝身体站立时的平衡感。

Tip

每次训练时间不宜太长，几分钟就可以了，否则宝宝会由于疲劳而烦躁起来，以后就不愿意再练习了！

呵呵！钻山洞游戏真好玩

训练妙法

爸爸或者妈妈跪在大床上，或者较为厚实的地毯上，双臂支撑在床面或地毯面，让自己的身体和双臂之间形成一个较大的空间，这样就可以让宝宝在这个空间里爬进来爬出去；或者鼓励宝宝从桌子底下钻过来钻过去，不过一定要做好安全保护，避免碰伤宝宝。

Tip

钻山洞的爬行训练，是宝宝大脑指挥肌肉协调运动的一种游戏，不仅可以促进大脑发育，还有利于日后的语言发展。

全能运动小强人！

训练妙法

在带扶栏的小床里放几个玩具。先让宝宝坐下，然后训练由坐位主动地拉栏杆站起，再扶栏蹲下去拾玩具、坐下；继而训练宝宝从坐位变成俯卧位，接着训练左翻右翻。

Tip

多个动作组合起来训练，可促使宝宝大运动功能协调发展，成为运动小强人哦！

精细运动 Fine motor
宝宝会出现哪些行为特点？

1 用拇指和食指就能捏起小丸

宝宝的协调性大有进步！如果让宝宝把手和小臂放在桌面上做辅助性支持，他们就能用拇指和食指（或者中指）把放在桌面的小丸捏起来，而且捏小丸的动作也越来越纯熟了。

2 宝宝能伸出食指去碰触物品了

宝宝不仅拥有了以上的小本事，他们还会伸出食指去主动地碰触物品呢。另外，如果将小丸放在桌面上，宝宝想要的话就会坚持伸手去抓，一次或二次即能抓到哦。

关键期做关键事！
父母快来测测看 Test

智能自测题

宝宝能不能用拇指和食指捏起小丸？

正确测试法

父母抱着宝宝坐着，先把一粒小丸放在桌面上，然后鼓励宝宝去捏取小丸，看看宝宝用拇指和食指的指端能不能捏取到小丸。

提醒一点！宝宝捏起小丸后，父母一定要留心看护，以免宝宝把小丸放到嘴里，不慎呛到气管里。

宝宝达标了吗？

宝宝能够熟练并且动作协调、速度很快地把小丸用拇指和食指的指端捏起来即为合格。

Pass!
宝宝真棒！

提升智能小训练 Training
为宝宝智能飞跃发展加油！

嗬！宝宝的小手真能干

训练妙法

准备一个杯口较大些的杯子和一块小积木。父母先把小积木丢进杯子里，然后鼓励宝宝去把小积木取出来。

由于宝宝的手部功能还没那么完善，一开始不一定能很顺利地取出来。如果让宝宝经常进行练习，宝宝小手的能力会大为增强，就能够完成取积木的任务了。

Tip

这个训练不仅可以锻炼宝宝手部动作的准确性，还可以全面促进婴幼儿的手眼协调性。

瞧呀！捏豆豆的小能手

训练妙法

为让宝宝的拇指和食指的对捏能力更进一步提升，父母可以让宝宝经常练习捏取一些更小的物品，如绿豆等，同时多训练捏取小丸的准确性，加快捏取速度，提高捏取动作的熟练程度。每日训练数次，可让宝宝拇指和食指捏取小物品的动作更加灵活，对捏能力得到更大的发展。

Tip

为了避免宝宝烦躁，父母在训练过程中不妨给宝宝唱唱儿歌，提高宝宝捏豆豆的兴致。

适应性 Adaptability
宝宝会出现哪些行为特点？

1 宝宝能取出藏在杯子里的积木

什么也瞒不住宝宝了！尽管父母把一块积木扣放在一只杯子里，但宝宝依然知道积木在哪里。他们会主动地拿掉杯子，把藏在下面的积木取出来哦。

2 宝宝能寻找装在盒里的木珠

宝宝也越来越智慧了！如果父母把木珠放进盒子里，先摇晃几下盒子，让宝宝听见响声，然后悄悄地将珠子取出，再当着宝宝的面打开盒子，这令宝宝感到很奇怪，会明确去寻找盒子里的木珠。

关键期做关键事！
父母快来测测看 Test

智能自测题

宝宝能主动把放在杯子里的积木取出玩耍吗？

正确测试法

父母先把一块积木放在桌上，让宝宝看见自己用杯子盖住了积木。之后，父母鼓励宝宝去找积木，观察宝宝是否知道拿掉杯子取出扣在下面的积木。

提醒一点！要记着将杯子的把手对着宝宝哦。

宝宝达标了吗？

宝宝能主动地把杯子拿掉，取出藏在下面的积木玩耍即为合格。

Pass!
宝宝真棒！

提升智能小训练 Training
为宝宝智能飞跃发展加油！

妈妈，我知道"1"是多少了！

训练妙法

先从宝宝的年龄入手。妈妈一边问宝宝"你几岁了？"一边教其竖起食指表示"1"岁。

在宝宝懂得表示"1"岁之后，为了巩固效果，还可以教宝宝竖起食指表示指"1"个苹果或"1"块糖果。反复训练宝宝，过一段时间后，父母拿起一个苹果问宝宝"这是几个苹果"，宝宝就会竖起一根手指来表示"1"个。

Tip

这是一种让宝宝建立最原始的数的概念的方法，可以很好地帮助宝宝提高认知能力。

妈妈，我能给你喂饭饭了！

训练妙法

　　宝宝吃饭时，妈妈先给宝宝喂饭，一边喂一边说："宝宝乖乖，好好吃饭。"待宝宝心满意足吃完后，可以把勺子放在宝宝的小手里，然后握着小手帮助宝宝把勺子举起来，放在妈妈的嘴边，做出欢喜的样子对宝宝说："宝宝真棒，还能喂妈妈吃饭了，妈妈真高兴！"

Tip

　　给妈妈喂饭游戏会使宝宝很高兴，增加吃饭的趣味，经常训练不仅可以培养宝宝生活的自理能力，同时还能够让手部的活动能力得到训练。

宝宝，玩具藏在哪只手里？

训练妙法

　　当着宝宝的面把其所喜欢的玩具藏在右手里。先双手放背后再把双手伸到前面，伸开右手让宝宝看玩具，反复几次伸出双手并紧握，让宝宝拿玩具，看宝宝会伸向哪只手。

Tip

　　可以使宝宝的记忆力和专注力得到训练，既简单又有效哦！

语言能力 Language
宝宝会出现哪些行为特点？

1 宝宝能模仿大人发音

看呀，宝宝已经初露说话的端倪了。他们能够模仿大人们的声音发出一至两个字音，多半指的是人、物体、动作或东西，但是发音不一定清楚哦。

2 宝宝能懂得别人的语气了

不要以为宝宝那么小，傻乎乎的什么都不懂，其实不然。如果大人对宝宝用愤怒的语调说话，宝宝就会感到紧张并且哭起来；若是大人用温柔的语调对待宝宝，宝宝就会很愉快哦。

关键期做关键事！
父母快来测测看 Test

智能自测题

宝宝能够模仿大人发出一些语音吗？

正确测试法

父母和宝宝面对面，先对宝宝发出"爸爸"、"妈妈"、"拿"、"走"等词语的语音，然后鼓励宝宝模仿发音，看看宝宝是否会模仿大人发音。宝宝不愿意模仿，父母不要强迫；宝宝做得好，父母要好好地称赞，这样才可以调动宝宝模仿发音的兴趣。

宝宝达标了吗?

宝宝能够模仿父母发出一至两个字音即为合格。

Pass!
宝宝真棒!

提升智能小训练 Training
为宝宝智能飞跃发展加油!

小狗汪汪汪叫!

训练妙法

可以让宝宝跟着大人学习一些发音。为了让宝宝心情愉快地学习言语,可通过大人的发音与图画册上的实物结合起来训练宝宝。

比如,妈妈可指着图画册上的小狗说:"这是小狗,跟妈妈说汪。"待宝宝发出"汪"的字音后,妈妈又说:"宝宝跟妈妈学小狗叫,汪—汪—汪。"让宝宝再模仿妈妈发出"汪—汪—汪"的声音。

Tip

生活中教宝宝认物发音,并且将实物或者动作与语言联系起来,将会有力地促进宝宝的语言能力发展。

爸爸，我想要皮球！

训练妙法

准备一个皮球，爸爸拿着皮球在宝宝面前晃一晃，对宝宝说："你想不想要啊？"宝宝通常都会要并发出"啊，啊——"的声音，这时爸爸就要问宝宝："想要什么啊？告诉爸爸。"宝宝往往会发出"要——"的声音，爸爸赶紧接着问："你要什么啊？"如果宝宝不会说"球"，爸爸就说："哦，知道了，宝宝想要球啊！"

Tip

经常进行这种训练，可以促进宝宝学会用单音节表达自己的意思。这不仅能够提高宝宝自主说话的能力，还会锻炼左脑的功能哦。

社交行为 Community
宝宝会出现哪些行为特点？

1 **宝宝懂得常见物和人的名称了**

比如，父母问"杯子在哪里"，宝宝的眼睛就会去注视杯子；问"灯在哪里"，宝宝就会去注视灯。而且，宝宝对想要的东西能发出声表达，或者用眼睛去看。

2 **对一些简单的句子有反应了**

比如，问"妈妈在哪里？"宝宝就会看妈妈。除此，宝宝越来越惹人喜爱了，他们还会做"再见"的动作了；会拉扯别人的衣服，试图引起人家的注意；会拿东西给人，但自己不松手。

关键期做关键事！
父母快来测测看 Test

智能自测题

宝宝懂得一些常见物品和人的名称，并会表现出相应的反应吗？

正确测试法

父母可以问宝宝，"妈妈在哪儿"、"爸爸在哪儿"、"奶奶在哪儿"、"爷爷在哪儿"、"灯在哪儿"、"杯子在哪儿"……观察宝宝是否懂得这些常见物品和人的名称，并且表现出相应的反应。

宝宝达标了吗？

听到父母的问话后，宝宝会用眼睛寻找并且注视所说到的人或物即为合格。

Pass!
宝宝真棒！

提升智能小训练 Training
为宝宝智能飞跃发展加油！

> ### 宝宝，Byebye！

训练妙法

　　社交礼仪是个习惯问题，需要父母从小就对宝宝进行培养。

　　生活中，有意地对宝宝演示一些社交礼仪，比如宝宝和家人或小朋友分别时，教他们和别人边挥手道别边说"byebye"；父母或家人要离开时，要记着亲吻宝宝一下；从外面回来，不要忘记向宝宝问好。

Tip

　　社交礼仪对于一个人在社会上发展很重要，是情商发展的敲门砖。从小就开始养成好习惯，会让宝宝受益一生。

妈妈，不该做的事我不做！

训练妙法

　　生活中，宝宝做得好的事情，比如好好地吃饭、到了睡觉时间就上床等，父母要给予称赞；宝宝做得不好的事情，比如乱拿东西、大声哭闹等，父母要表示出不赞赏的表情。

　　对于有些不适宜宝宝做的事情，妈妈可以用适当的语调对宝宝说"不要动"或"不要拿"，让宝宝了解这些话的否定意义，启蒙和培养宝宝的规范性行为。

Tip

　　在这一阶段，父母的恰当行为及和睦的家庭氛围，都有助于宝宝形成良好的社会行为。

嘿，我是个乐天派宝宝！

训练妙法

　　宝宝已有一些幽默感了，很喜欢让别人笑。父母要经常笑出声来赞许宝宝的行为，多让宝宝做笑出声的游戏，平时多讲些笑话，让宝宝经常拥有良好的情绪。

Tip

　　良好情绪有助于宝宝的心理健康发展，可以启蒙和发展宝宝的幽默感，使他们日后讲话诙谐而有趣！

宝宝智能测试问答

Q 我在家里给宝宝测试的时候，宝宝一会儿要喝水，一会儿要尿尿，一会儿又要玩，稍微有点难度就闹起来，不愿意测试了。做测试时应该注意些什么，才能让宝宝很好地配合大人的要求呢？

A 给宝宝测试之前，父母应该注意做好准备工作，这样才能让宝宝安安心心地配合父母进行测试。

比如，让宝宝先排干净尿液，不要让宝宝饿着肚子，也不要让宝宝渴着，同时注意环境要安静舒适，以免宝宝会分心。进行测试的时候，如果宝宝还小，父母不妨抱着宝宝；若是宝宝能够独自坐稳了，可以坐在小桌子上进行测试。测试项目的顺序，最好先从比较简单的开始，这样既可以稳定宝宝的情绪，而且有利于激发宝宝的兴趣和注意力，可以使后面的测试顺利进行。

提醒一点，测试完一个项目后要注意把测试用品收起来再进入下一个项目，以免使宝宝注意力不集中。

Q 前几天带宝宝去儿童保健中心做了智能发育测试，测试结果表明精细动作的发育有些落后。这让我们很着急，怎样在家里对宝宝加强精细动作的训练？通过训练宝宝能够达到正常水平吗？

A 不妨按照精细动作出现的时间和动作要求，有计划地加强对宝宝的训练。若是持之以恒，也许无需多少时间宝宝就能达到正常水平。

由于在同龄宝宝之间各个能区的行为模式出现的时间有先有后，即使同一个宝宝的大运动、精细动作等五种能力展示顺序也并不完全平衡一致，加之影响测试结果的因素较多，因此初次测试发现宝宝精细动作有些落后不宜轻易做出明确判断，更不必产生很大的心理负担。

建议过段时间后再换个机构给宝宝做一次测试，看看两次测查结果是否一致。即使宝宝的精细运动仍有些落后也无需着急，关键是要在现有基础上按照精细动作出现的时间和动作要求，有计划地加强对宝宝的训练，每天两至三次，以促进宝宝精细动作的发展。若是能持之以恒，也许无需多少时间宝宝便能达到正常水平。

Q 宝宝两个月大，我听别的家长们说相比其他几项能力测试，像他这么大的孩子听力和视力的测试更重要一些，是这样的吗？

A 对于这么大的宝宝来说，除了视力、听力以外，无论是体格还是智力的测试都是非常重要的。

定期为宝宝称称体重，量量身长、头围、胸围、囟门等，以及进行运动、语言、认知、社会能力的评估，才能很好地了解宝宝的智能和体格生长发育的状况。

因为，以上所说的每个指标都是有一定含义的。比如体重，是代表体格发育尤其是营养状况的重要指标，根据体重可以判断有没有营养不良或肥胖；身长是反映骨骼发育的重要指标，据身长和体重的比值可以判断营养状况；头围大小、前囟闭合早晚可以反映脑神经发育状况；运动、语言、认知、社会能力的评估，可以判断神经系统的发育水平。对婴幼儿来说，定期地为他们进行这些指标的测评都是非常重要的。

父母亲情手记

Love Notes

___年___月___日___时　　　___个月___天

测试项目	测试达标时间
大运动	___个月第___天
精细运动	___个月第___天
适应性行为	___个月第___天
语言能力	___个月第___天
社交行为	___个月第___天

亲情留言

珍藏宝宝智能成长之流金轨迹

宝宝照片

opening

在这一关键期，对宝宝的语言能力开发非常重要。多让宝宝看画册，培养和增进宝宝认识动物、交通工具、玩具以及日常生活用品的能力；多听音乐、儿歌和故事，培养宝宝对声音的感觉，提高对语言的兴趣和理解力。

● 通过与五官有关的儿歌，激发宝宝认识五官的兴趣，帮助宝宝用小手指指自己的眼、耳、鼻、嘴等，进一步促进宝宝与大人的交往能力。

● 引导宝宝能够有意识地发出一个字音，来表示一个特定的动作，比如"坐""走""拿"等，促进宝宝的语言和表示自己动作的能力。

● 如果宝宝发出某个字音，父母要积极回应，如宝宝说"拿"，就可将其想要的东西拿给他，切不可在宝宝要表达时抢先开口讲话，让宝宝失去机会，这样会阻碍宝宝的语言能力发展。

大运动 Big sports
宝宝会出现哪些行为特点？

1 宝宝能自己独自站立了

嗨！宝宝很争气，拉着小床围栏，甚至不用支撑什么，就可以自己站起来了，而且不用大人扶持也能自己独自站立一定的时间。不过，周边的环境要保证没有带棱角或者可能会伤人的物品，以防宝宝摔倒时碰伤。

2 宝宝会迈步行走几步了

到了这个月份，很多宝宝都会走几步了，至少在父母牵拉一只手的时候能够协调地移动双腿，向前迈出三步以上。但是，宝宝通常走得摇摇晃晃的，身体还不够稳当。一般来说，南方的宝宝要比北方的宝宝走得早一些哦。

关键期做关键事！
父母快来测测看 Test

智能自测题

宝宝能够独自站立十秒以上吗？

正确测试法

父母先拉着宝宝小手，帮其站稳后轻轻松开自己的手，看看宝宝能不能自己站一定的时间。这个月份的宝宝，已经有了一定的身体平衡能力，一般在十二个月左右就能独自站得很稳了。

提醒一点！如果宝宝没有站稳，大人要注意赶快扶住，以免他们摔倒后受到惊吓。

宝宝达标了吗？

父母松开手后，宝宝能够独自站立十秒钟以上即为合格。

Pass!
宝宝真棒!

提升智能小训练 Training
为宝宝智能飞跃发展加油!

宝宝,踢球去!

训练妙法

宝宝这一阶段已经能够扶着床栏杆、凳子、沙发等物品,由蹲而站起并且站稳。

因此,父母可以在距离宝宝脚下不远的地方,大约三至五厘米处放一个球,让宝宝抬腿去踢。在踢球的过程中,会让宝宝乐不可支哦,能大大提高练习走路的趣味。

Tip

练习踢球可以提升宝宝大脑平衡身体的能力,促进眼、足、脑协调功能的发展,建立"球形物体"能滚动的形象思维。

宝宝，大胆向前走！

训练妙法

　　帮助宝宝练习独自行走时，父母和宝宝先保持一米的距离，然后蹲下来，把宝宝想要的玩具放在自己的头上，逗引宝宝过来拿。一开始，宝宝可能会有些紧张，也许走得并不平稳。这时，要不断鼓励宝宝，促使宝宝很快跨步到父母面前。当宝宝短距离走得较稳时，就可以逐步拉长训练距离了。

Tip

　　为了给宝宝壮胆以及避免其摔倒，父母注意伸出双手加以保护。宝宝每往前走一步，父母就向后退一步，逐渐拉长与宝宝的距离。

精细运动 Fine motor
宝宝会出现哪些行为特点？

1 能试着往小瓶里投小丸了

准备一个瓶口直径两点五厘米的小瓶，让宝宝往里面投小丸。宝宝会试着捏住小丸往瓶口里投，但是准确度还不够高，不一定能成功地把小丸投进瓶子里，这对宝宝的手眼协调功能也是一个新的挑战哦！

2 宝宝会拿着书翻页了

如果父母给宝宝一本书，宝宝会拿着书翻页。但是，宝宝手指的精细动作还没有那么灵巧哦，所以尚不会一页一页地翻书。父母别着急哦，宝宝会逐渐做得更好，一点点来吧！

关键期做关键事！
父母快来测测看 Test

智能自测题

宝宝能够用全手掌握笔，在纸上画道道并留下笔道吗？

正确测试法

父母先给宝宝演示一下怎样用笔在纸上画道道，然后鼓励宝宝也这样去做，观察宝宝能否用全手掌握笔在纸上画道道，并且留下笔道。

提醒一点！测试之后及时从宝宝手中拿走笔，以免喜欢乱动的宝宝扎伤自己或者他人。

宝宝达标了吗？

宝宝用全手掌握笔在纸上画，虽然会留下笔道，但是很乱，不过只要留下笔道即为合格。

Pass!
宝宝真棒!

提升智能小训练 Training
为宝宝智能飞跃发展加油！

哈哈！我的小手多灵巧

训练妙法

父母准备两个无色透明的广口瓶，先在其中一个瓶子里装上几粒葡萄干，然后让宝宝练习对准瓶口，将瓶里的葡萄干倒入另一个瓶子里。

父母可以在旁边编个儿歌唱给宝宝听："小手小手真灵巧，小手小手真能干。"刚开始，宝宝可能经常倒不进去，葡萄干会撒落在外面。经过多次训练，宝宝就能够准确地把葡萄干从一个瓶子倒入另一个瓶子里了。

Tip

可以很好地训练宝宝手部的灵活性、准确性以及手眼的协调性。

来啊！我们盖个高楼吧

训练妙法

平时带宝宝户外活动时，多引导其观察高楼等建筑，让宝宝懂得楼房是一层层垒高的，然后用套盒或积木指导宝宝玩搭高楼的游戏。先让宝宝摆弄一会儿，然后父母说："宝宝，我们盖个高楼吧！"指导宝宝把最大的一块积木放在下面，再把第二块积木放在其上。宝宝做得好，父母拍手称赞，反复让宝宝搭建和垒高积木。

Tip

在搭建和垒高积木的训练中，不仅可进一步提高宝宝手指和手腕的灵巧性和肌肉耐力，还能帮助他们不断巩固比较大小的能力。

105

适应性 Adaptability
宝宝会出现哪些行为特点?

1 宝宝会把反着放的瓶盖正过来

宝宝越来越睿智了! 你看,他们会把反放着的瓶盖先正过来,再往瓶子上盖。另外,如果用杯子盖住玩具,宝宝会很聪明地拿开杯子,去找到盖在杯子下面的玩具。

2 宝宝会试着搭两块积木了

父母给宝宝两块积木,在此之前,宝宝仍在扔积木,而这时宝宝却会把其中一块积木搭在另一块积木上,虽然不一定能做得很好。

无论做得怎样,父母都要多夸奖宝宝,这样会增强宝宝的自信心,从而促进适应能力的发展。

关键期做关键事！
父母快来测测看 Test

智能自测题

宝宝能把瓶盖翻过来，盖在瓶子上吗？

正确测试法

妈妈先将瓶盖盖在瓶子（瓶高五至六厘米，瓶底直径约三厘米，瓶口直径约两点五厘米）上，然后把瓶盖取下来，反着放在桌子上，继而鼓励宝宝取瓶盖，去盖瓶子，观察宝宝会出现怎样的反应。

提醒一点！瓶子和瓶盖都要光滑无破损，避免损伤宝宝的小手。

宝宝达标了吗？

宝宝会把瓶盖翻正并盖在瓶子上即为合格，但不要求宝宝拧紧瓶盖。

Pass!
宝宝真棒!

提升智能小训练 Training
为宝宝智能飞跃发展加油！

猜猜哦，看我摸到什么了？

训练妙法

给宝宝准备一些熟悉的用具，如小勺、小碗、奶瓶、小水杯及一个袋子，让宝宝边说这些用具的名称，边把它们放到袋子里。

之后，让宝宝把手放到袋子里去摸，每摸到一件用具都要说出是什么，然后拿出来看看宝宝猜得对不对。如果猜对了，父母要马上赞扬，若是猜得不对，鼓励宝宝继续练习。

Tip

经常玩这种游戏，可以提升宝宝判断物品以及总结经验的能力。

红皮球、红苹果……

训练妙法

宝宝最感兴趣的颜色是红色，所以教宝宝认识颜色可从红色入手。比如，给宝宝一块红色积木，或者一个红色的小皮球，或者一个红苹果……反复告诉他们"这是红色的"。所有红颜色的东西都可以用来教宝宝。

Tip

一般经过三至四个月的反复训练，当宝宝看到红色的东西就知道是红色的。此后，可再逐步教宝宝认识其他颜色。帮助宝宝认识颜色，可以提高对环境的适应能力。

语言能力 Language
宝宝会出现哪些行为特点？

1 宝宝会有意识叫爸爸妈妈了

宝宝的语言能力越来越强了。现在，他们的小嘴里喊出的"爸爸""妈妈"是有意识的了，而不像六七个月大时那样无所指。父母们听到后无比开心哦！

2 宝宝能理解更多些的字了

宝宝可爱的小嘴里，已经能说出两个或者三个字了，而且，他们还能够理解较多字的意思，进步不小哦！不过，宝宝说得还不完整，发音也不太清楚，需要继续进步！

关键期做关键事！
父母快来测测看 Test

智能自测题

向宝宝要东西，宝宝是否会松手把东西给你呢？

正确测试法

父母先把一个玩具放到宝宝的手里，然后对他们说"你把玩具给妈妈（爸爸）"，看看宝宝听到要求后，是否能够松手并且把玩具送到大人的手里。

提醒一点！父母应该用语言向宝宝表达要玩具的要求，而不要伸手去拿取玩具。

宝宝达标了吗？

听到父母的要求，宝宝主动松手并且把玩具放到父母的手里即为合格。

Pass!
宝宝真棒!

提升智能小训练 Training
为宝宝智能飞跃发展加油！

妈妈，你要苹果吗？

训练妙法

在宝宝有意识地叫"爸爸"、"妈妈"后，父母可以经常利用各种机会引导宝宝发音。

比如，宝宝要吃苹果时，父母一边嘴里说着"苹果"，一边手里拿起苹果给宝宝看。反复训练后，当父母再说"苹果"时，宝宝就会把苹果拿起来，递给父母。另外，父母让宝宝做坐、走等大动作时，嘴里最好同时发出"坐"和"走"的音，让宝宝模仿发音，并理解动作和发音的关系。

Tip

父母要尽可能给宝宝提供能与大人之间进行以上简单"对话"的机会，以促进宝宝的语言能力快速发展。

小动物们大合唱！

训练妙法

　　和宝宝一起看大幅的动物图片，一边告诉宝宝这些动物的名称和叫声，并和宝宝一起模仿。其后，可以经常问问宝宝"这是什么"，"它怎样叫"，也可以让宝宝模仿动物玩具发出的叫声，如小鸭玩具发出"嘎——嘎"声，小羊玩具发出"咩——咩"声，小猫玩具发出"喵——喵"声。多次训练后，只要父母一拿出玩具或画册，宝宝就会模仿不同动物特有的叫声。

Tip

　　这是一个促进宝宝认知和语言双重发育的游戏，赶紧和宝宝试试吧。

社交行为 Community
宝宝会出现哪些行为特点？

1 穿衣服时会与大人配合了

父母给宝宝穿衣服时，宝宝喜欢"自己来！"不会像以往那样被动，完全由大人摆布，而是会主动地伸胳膊伸腿与大人配合。不过，宝宝的能力还不足，需要父母多给宝宝提供配合的机会。

2 能执行大人的简单委托了

令父母欣喜的是，宝宝已经能为爸爸妈妈做一些事情了，觉得他们真的在长大。比如，父母说出"宝宝，把玩具拾起来"或者"关上门"等简单的委托，宝宝就会这样去做哦。

关键期做关键事！
父母快来测测看 Test

智能自测题

给宝宝穿衣服的时候，宝宝能够主动配合吗？

正确测试法

父母在给宝宝穿衣服的时候，注意观察宝宝穿上衣时是否会伸手，穿裤子时是否会把腿伸直。当然，对于这么大的宝宝而言，他们还不一定能做得很好。

宝宝达标了吗?

只要宝宝在穿上衣时会伸手，穿裤子时会伸直腿，能与父母配合即为合格，即使做得不好也算通过。

Pass!
宝宝真棒!

115

提升智能小训练 Training
为宝宝智能飞跃发展加油！

宝宝，你的嘴巴在哪儿呢？

训练妙法

准备一个布娃娃，教宝宝指认布娃娃的眼睛、鼻子、嘴巴、耳朵等部位。

当宝宝基本上能够说出各部位名称时，再教其指认自己的五官，比如妈妈指着自己的嘴巴说："妈妈的嘴巴在这里，宝宝的在哪里？"让宝宝指出自己的嘴巴。以此类推地让宝宝逐一指出自己的眼睛、鼻子、耳朵等。

Tip

通过让宝宝认识五官来了解自己身体各部分的名称，培养宝宝建立自我意识。

我会帮妈妈切面包片了！

训练妙法

这一时期的宝宝很喜欢模仿父母的动作，可以让他们向父母学着做些事情。为宝宝准备一套木制的刀具和一些松软的易碎的面包。父母先给宝宝演示一下如何用道具切面包，切完之后把面包片摆好在盘里，之后让宝宝也来切一切，摆一摆。

Tip

不仅可以帮助宝宝学习生活技能，而且摆面包片还可以培养宝宝的秩序感，同时训练宝宝的手眼协调能力。

117

宝宝智能测试问答

Q 宝宝十二个月大了，但是他还什么都不会说。我很担心宝宝的语言发育。请问语言发育是怎样一个过程？哪些原因会造成语言发育迟缓？

A 婴幼儿的语言发育可以分为以下四个阶段：

1. 反射性发音期（一至四个月）

一个月大时在清醒时发出一种细小的喉音；二个月大时发出a、o、e等音；三个月大时发出咯咯笑声；四个月大安静时会咿呀自语，高兴或不满时会大声喊叫。

2. 咿呀学语期（五至八个月）

五个月大时见熟人和玩具时会咿咿呀呀像是"说话"，七个月大时发出da-da、ma-ma等声音，八个月大时模仿弄舌或咳嗽声。

3. 理解语言期（六至十五个月）

六个月大时在身后唤宝宝名字时会回头找叫他的人；九个月大时和宝宝说欢迎或再见时会有相应的动作表示；十二个月大时将玩具给宝宝，再要回来可能主动给大人；十五个月大时会根据所听话语指出自己的鼻、耳、眼、嘴等五官。

4. 表达语言期（十至十八个月）

十个月大时能模仿大人发单音字如"拿"、"走"等；十一个月大时会用字音表示人、物或动作；十二个月大时见爸爸妈妈会主动称呼"爸爸"、"妈妈"；十八个月大时会提出个人需要，如说"吃"、"喝"等；二十四个月大时语言将更加飞跃发展。

父母可以根据以上出现的时间对宝宝进行测试。一般来说，三岁以下的宝宝语言发展可能落后的原因包括：

*宝宝不发出声音，或声音很小或难以理解，可能预示着有听力、

嘴部肌肉或协调的问题。

　　*宝宝不理解简单的指示，或加工信息的时间过长，可能预示着接受语言有问题。

　　*宝宝不能构造简单的两词句子，不能使用语言问一个问题或要一个玩具，可能在表达语言方面有困难。有这种问题的孩子倾向于依靠更多非言语的表达如用手指或手势比划。

　　怀疑宝宝语言发展有问题时应该去看医生。一旦宝宝被确诊为言语和语言障碍或落后要及时进行治疗，越早治疗效果越好。

Q　宝宝十二个月大，见到爸爸或妈妈时，他不像别的这么大的孩子会主动地叫"爸爸"或"妈妈"，总得大人让他叫，他才会叫。怎样让宝宝能够主动地开口说话呢？

A　父母在生活中要注意鼓励宝宝尽量开口说话，并将语言与动作对应起来，逐步与大人之间能够进行简单的对话。

　　具体方法是，在宝宝见到爸爸妈妈时能够主动有意识地叫"爸爸"、"妈妈"的基础上，再引导宝宝有意识地叫出其他人的称谓，比如"爷爷"等。另外，父母要注意采取言传身教的办法，先对宝宝示范一些特定的动作如"走"、"拿"等，一边发音一边做相应的动作，启发宝宝将语言与动作联系起来。多次训练后，当父母再发出这些音，宝宝就会做出相应的动作，与大人之间能进行简单的对话了。如果向宝宝发出的要求宝宝能够应答，或者大人做某个动作后，宝宝能够将表示这个动作相应的词说出来，比如妈妈走起来，宝宝会说"走"，这时大人要马上赞扬宝宝，提高宝宝主动开口说话的兴趣。

父母亲情手记

Love Notes

___年___月___日___时   ___个月___天

测试项目	测试达标时间
大运动	___个月第___天
精细运动	___个月第___天
适应性行为	___个月第___天
语言能力	___个月第___天
社交行为	___个月第___天

亲情留言

- - - - - - - - - - - - - - - -

- - - - - - - - - - - - - - - -

- - - - - - - - - - - - - - - -

- - - - - - - - - - - - - - - -

- - - - - - - - - - - - - - - -

- - - - - - - - - - - - - - - -

- - - - - - - - - - - - - - - -

- - - - - - - - - - - - - - - -

- - - - - - - - - - - - - - - -

珍藏宝宝智能成长之流金轨迹

宝宝照片

十八个月

第六个智能飞跃发展关键期

opening

在这一关键期，通过上下楼梯、捉蝴蝶、猫捉老鼠等游戏，增强宝宝的腿部力量和身体的平衡能力，训练宝宝稳定地独走、小步跑、拍的动作和扔东西等大运动更为重要哦！

● 通过搭积木和在纸上画道道、穿扣子以及捏投小丸等动作，进一步训练宝宝手动作的灵活性、准确性和手、眼、脑的协调功能。

● 通过训练讲故事提高宝宝表达词句的能力，通过听声音模仿训练宝宝发音并促进声音与动作的统合能力，通过唱儿歌丰富宝宝的词汇。

● 通过培养观察力和良好的生活规律，教会宝宝认识自己的玩具、常用餐具、洗脸的用具以及穿着的衣服和鞋子等，并培养宝宝养成将以上用品放在固定地方的好习惯。

大运动 Big sports
宝宝会出现哪些行为特点？

1 自己会扶栏杆上下楼梯了

宝宝腿部肌肉的力量越来越强。在有栏杆的楼梯上，宝宝能扶着栏杆自己上下楼梯了。如果宝宝的一只手被大人牵着，他们也能自己登上楼梯呢。

2 宝宝学会自己蹲下去了

宝宝的大运动功能发展得很快，能够做很多动作了。比如，宝宝可以自己蹲下去了，但由于控制能力有限，因而动作做得不那么游刃有余，显得有些迟缓。

除此之外，宝宝还能自己坐椅子，而且开始会用两只脚跳了。

关键期做关键事！
父母快来测测看 Test

智能自测题

宝宝能不能举手过肩，把球扔出去呢？

正确测试法

父母准备好球（直径约六厘米的皮球）后，当着宝宝的面做出举球、过肩的扔球动作，然后鼓励宝宝也像大人这样扔球，看看宝宝能不能举手过肩并且把皮球扔出去。

提醒一点！宝宝可能会无方向地扔球，这么大的孩子这样做是正常的。

宝宝达标了吗？

宝宝会像大人那样举手过肩地扔球，虽然可能会没方向，但扔出的距离大于成人一臂之远即为合格。

Pass!
宝宝真棒!

提升智能小训练 Training
为宝宝智能飞跃发展加油！

一起爬楼梯喽！

训练妙法

一开始训练时，父母用一只手牵着宝宝，扶着楼梯栏杆上楼梯。待宝宝能力逐渐增强，让宝宝练习扶着楼梯扶手自己上楼梯，练习时注意让宝宝两脚站稳后再向上迈步。

宝宝学会上楼梯之后，父母可以牵着他们的手，练习一步一步地下楼梯，也需注意宝宝两脚站稳后再伸腿往下迈。等到宝宝能熟练地上下楼梯后，让宝宝两脚并拢，父母牵其双手，带着他们从最后一个台阶练习往下跳。

Tip

上下楼梯是训练宝宝腿部力量和身体保持平衡的最佳游戏之一，经常训练对大运动发展很有益处。

哇！我捉到可爱的小蜜蜂了

训练妙法

父母先用纸片制作一个宝宝很喜欢的小蜜蜂，然后把这只"小蜜蜂"系在一根带绳子的杆子上，不断挥舞杆子让"小蜜蜂"上上下下飞舞。待"小蜜蜂"落下来时，父母就鼓励宝宝去捉。一旦宝宝去捉"小蜜蜂"，父母立刻将其提起，使宝宝不得不去追，待宝宝又追到"小蜜蜂"后，再将其提起，让宝宝继续去追。

Tip

父母带着宝宝反复玩这个游戏，能够锻炼宝宝走步与小步跑和拍的动作。

哈！做个平衡游戏小赢家！

训练妙法

给宝宝准备一个可以拖着或者拉着走的玩具小鸭子或者小狗。妈妈先示范怎样拉着玩具倒着走，然后鼓励宝宝倒着走。或者妈妈也可与宝宝做你进我退的游戏。

Tip

这样可以训练宝宝步态稳定，增加身体的平衡能力，不过妈妈要注意保护宝宝，以免摔倒受伤。

精细运动 *Fine motor*
宝宝会出现哪些行为特点？

1 ### 宝宝会把纸折成两折或三折

如果给宝宝一张纸，宝宝不像以前那样只知道乱撕了，而是会把这张纸折成两折或者三折。不过，由于手部的精细能力还不足，所以折出的纸并不成形，宝宝还需继续努力哦。

2 ### 宝宝开始学会捡豆豆了

若是父母给宝宝一些豆豆，宝宝开始会捡豆豆了。但是，一开始别期望着宝宝会在那儿一颗颗地捡豆豆，他们大多都是先大把地去抓，在此之后才会每次捡一颗豆豆。

关键期做关键事！
父母快来测测看 Test

智能自测题

宝宝能用蜡笔在纸上画出任意方向的道道吗？

正确测试法

父母取来蜡笔（木材上画线的红色大蜡笔）和纸张，先在纸上随意方向画出道道，然后鼓励宝宝也这样画，看看宝宝是否能在纸上画出道道。

提醒一点！宝宝画出的道道可以是任何方向的。

宝宝达标了吗？

宝宝能用蜡笔在纸上画出道道即为合格，可以不限制方向。

Pass！
宝宝真棒！

127

提升智能小训练 Training
为宝宝智能飞跃发展加油！

捡呀捡呀捡豆豆！

训练妙法

把红豆、黄豆和绿豆混合在一起，桌子上准备好三个红色、黄色、绿色的小盘子。待宝宝在桌前坐好之后，父母先用拇指和食指对捏的方法，在豆子堆里分别捡出一颗不同的豆子，继而嘴里唱着儿歌："红豆豆、黄豆豆、绿豆豆，宝宝把你们送回家，送呀送回家。"把它们放在相应颜色的小盘里，也可以编个捡豆豆的小故事，鼓励宝宝去捡哦。

Tip

捡豆豆游戏既可锻炼宝宝手指的灵活性，又可以帮助他们认知颜色和不同种类的豆子呢。为了安全起见，也可以将豆子换成入口即化的小食品等，如小馒头。

呵呵！接龙游戏真开心

训练妙法

在桌子上放十多块积木，妈妈说："宝宝，看妈妈给你造个大火车。"可以一边唱儿歌一边把一块块积木连接起来，即"接龙"，之后鼓励宝宝也这样做。宝宝接得不好，妈妈多鼓励，给宝宝增加信心；宝宝接得好，妈妈马上称赞，让宝宝开心，提高宝宝玩接龙游戏的兴趣。

Tip

接龙游戏不仅能够训练宝宝手部动作的准确性，提高手眼的协调功能，还能开发右脑的智能。

大盒套小盒真好玩儿！

训练妙法

准备好两层套盒。妈妈先让宝宝看自己怎样把小盒套入大盒里，并且说："宝宝来试试哦。"然后让宝宝把小盒从大盒里拿出，再放进大盒里，逗引宝宝反复玩儿。

Tip

这个训练不仅可以提高宝宝手指肌肉的灵活性，同时还可以帮助宝宝认知大和小的概念。

129

适应性 Adaptability
宝宝会出现哪些行为特点？

1 宝宝能连翻好几页书了

宝宝可以稍稍骄傲一下了！这时，如果给宝宝一本书，他们一次能够翻两至三页了，而且对连续翻书很感兴趣哦。另外，宝宝还能指出书中的"车"或"猫"等图像。

2 懂得翻转瓶子倒里面的小丸

随着大脑不断发育，宝宝越来越爱动脑筋了。如果给他们一个装有小丸的瓶子，宝宝会或自发或按照大人的要求，把瓶子翻转过来后，再去将里面的小丸倒出来。

关键期做关键事！
父母快来测测看 Test

智能自测题

在父母的示范下，宝宝能搭高四块积木吗？

正确测试法

父母先让宝宝看着自己如何搭高两块积木，然后推倒，继而鼓励宝宝也这样去搭高积木，观察宝宝能不能搭高四块积木。

提醒一点！父母必须注意要一块一块地给宝宝拿出积木。

宝宝达标了吗？

在父母的示范下，宝宝能够搭高四块积木即为合格。宝宝也许好几次才能搭好，可以试三次，有一次搭好就算通过。

Pass!
宝宝真棒！

提升智能小训练 Training
为宝宝智能飞跃发展加油!

香蕉苹果大鸭梨!

训练妙法

准备几个盘子,盘底贴上各种水果的图画,如香蕉、苹果、鸭梨等。

父母先拿出这些水果,一边让宝宝认一边说出它们各自的名称,然后将各种水果放入有相应图案的盘子里,摆在桌子上,让宝宝看,父母再把水果取出来。之后,鼓励宝宝这样去做,宝宝做得对,水果就是奖品,并给宝宝讲讲这种水果的颜色和味道。

Tip

香蕉、苹果、鸭梨、草莓、葡萄等,都是宝宝们最爱吃的水果,用水果训练可以培养宝宝认知多种水果的颜色、味道和形状,一定会事半功倍哦!

自己的事情自己做！

训练妙法

晚上睡觉时，父母先向宝宝示范一下如何脱鞋、脱袜，然后说："宝宝自己也会做。"鼓励宝宝也这样做，训练一段时间，宝宝一般就会自己脱鞋脱袜了，不久还能配合父母脱掉自己的上衣；每天吃饭时，给宝宝单独准备一个小碗和小勺，并且给小碗里盛些饭菜，父母先喂宝宝几勺饭菜，继而鼓励他们自己拿小勺吃一两勺饭，一边吃父母一边说："一二三，拿好小勺；四五六，送到小嘴。"

Tip

反复进行训练，就可以帮助宝宝培养一些生活自理能力，为日后去幼儿园打下基础。

133

语言能力 Language
宝宝会出现哪些行为特点？

1 宝宝会说的话越来越多了

宝宝的语言能力大有进展，小嘴里能说出的话越来越多哦！

令人欣喜的是，宝宝现在能有意识地说出很多单字，大约有十个甚至十个以上，因而表达能力越来越强了。

2 能完成大人的一些简单指令

宝宝能听懂的话也越来越多了。这一时期，父母如果对宝宝说出两个简单的指令，比如说"宝宝，把皮球给妈妈"或者"宝宝，把皮球放在桌子上"，宝宝都能够完成哦！

关键期做关键事！
父母快来测测看 Test

智能自测题

宝宝模仿父母，能说出十个或十个以上的单字吗？

正确测试法

父母先有意识地说出十个或十个以上的单字音，如喝、杯、走、拿、姨、鸡、奶……观察宝宝能不能模仿发音。

提醒一点！让宝宝模仿的单字音应该除去"爸"和"妈"这两个字音。

宝宝达标了吗？

宝宝能模仿父母的发音，有意识地说出十个或十个以上的单字即为合格。

Pass!
宝宝真棒!

135

提升智能小训练 Training
为宝宝智能飞跃发展加油!

宝宝,你都做了些什么?

训练妙法

父母先让宝宝做一件事情,比如帮助拿家里的某个东西,或者周末带宝宝去动物园看动物。

回到家后,父母让宝宝把这一过程进行讲述。如果宝宝表达得不完整,父母可以启发宝宝做比较完整的讲述,比如什么时候去的动物园、和谁一起去的、都看见了什么等。

Tip

一开始,宝宝可能讲述得不那么顺畅,父母一定要耐心,每件事情可以让宝宝讲述两三次。经过训练,会很好地提高宝宝讲述一件事情的能力,从而培养语言的连贯性。

宝宝，你要还是不要呢？

训练妙法

这一阶段的宝宝，尚处在习惯用动作表达需要和愿望的阶段，比如想喝牛奶，就会用手指冰箱而不直接说出来。为了促使宝宝表达自己的需求，并且用肯定或否定的语言表达自己的要求，父母要注意采取"延迟满足"的办法，让宝宝学会用"是"或"不是"、"要"或"不要"来表达自己的需求。

Tip

宝宝在表达自己的需求或者意愿时，最好让他们配合点头或摇头的动作，这样可以更有效地促进语言能力提升。

宝宝是要这个吗？

是！

社交行为 Community
宝宝会出现哪些行为特点？

1 白天一般不会尿湿裤子了

宝宝越来越像个大孩子了，让父母逐渐省心一些了。

他们不像以往那样，由于不会说大小便而时常尿湿裤子，给父母增添麻烦。只要大人按时叫他们坐盆排便，白天基本不会再尿湿裤，甚至宝宝会主动坐盆大小便。

2 宝宝会模仿父母做家务

宝宝越来越顶事了！他们会观察父母怎样拿扫把扫地、用抹布擦桌子、用拍子拍打被子等，模仿着做家务。另外，宝宝对小朋友开始感兴趣了，表现出爱和关切的行为。

关键期做关键事！
父母快来测测看 Test

智能自测题

宝宝大小便是否会坐盆，在白天还会尿湿裤子吗？

正确测试法

在宝宝想要大小便时，父母要注意问宝宝要不要坐盆，看看宝宝做出怎样的回答。另外，父母还应该注意观察宝宝白天是否还会尿湿裤子。

宝宝达标了吗?

经过父母的提醒，宝宝懂得大小便坐盆或自己主动去坐盆，白天一般不尿湿裤子即为合格。

Pass!
宝宝真棒!

提升智能小训练 Training
为宝宝智能飞跃发展加油！

我是妈妈的小助手！

训练妙法

准备一个漂亮的小本子和一些宝宝喜欢的小贴画。妈妈让宝宝帮助整理玩具、收拾家里的小零碎物品、帮大人拿东西等，教宝宝做一些力所能及的事情，做妈妈合格的小助手。

宝宝做出一点成绩，妈妈就要给予肯定和鼓励，并且每天睡觉之前总结一下宝宝的表现，给小本子贴上一个小贴画。

Tip

当小贴画达到一定数量时，还要给宝宝额外的精神奖励，比如出去玩儿、讲故事等，尽量避免物质奖励哦。

今天我是小主人！

训练妙法

平时，家里可以邀请一些小朋友来玩，让宝宝在一旁观察妈妈是怎么招呼客人的。如果宝宝愿意，宝宝也可以当小主人招呼客人，学习妈妈的样子招呼小客人，给他们拿玩具、饮料和水果，并且告诉宝宝，这些都是他的小客人，所以要自己来招待。

Tip

在宝宝学习交往的时候，这样的游戏能促使宝宝及早融入社会，减少依赖父母的程度，社会交际能力得到提升。

141

宝宝智能测试问答

Q 宝宝一岁多了，但是他还不会数数。我看到朋友家同样大的孩子，人家就会唱着数数，我的宝宝是不是智力上有什么问题呢？

A 人们认为智力就是读、说、写、算等方面的能力，其实这些只是智力的一个方面，属于语言和数理逻辑智力。实际上，智力是多元化的，而不是专指某一种或某几种能力。

视觉空间智力、音乐智力、身体运动智力、人际交往智力、自我认识智力和自然观察智力，至少这六个方面的表现和能力也都属于智力。可见，智力是多元化的，不是专指某一种或某几种能力。

宝宝的数理逻辑智力有一个逐渐发展的过程，一岁多的宝宝不会数数很正常，父母常把唱数和数数混为一谈。一岁多的宝宝只能跟着大人顺口溜出1、2、3，比如大人说1、2，他溜出一个3；或者他们像唱歌一样顺口说出1、2、3。实际上，他们并不能对数字产生真正意义上的理解，例如1就是对应一个苹果，2就是对应两个苹果。所以，父母不必因为宝宝不会唱数这一条就怀疑宝宝的智力。

很多父母经常会把自己的宝宝跟同龄孩子做比较，或对照书上说的月龄发展指标来判断宝宝的智力发展水平。其实，如果彼此只相差两三个月也属于正常情况。

Q 宝宝一岁三个月，他走起来时身体歪歪扭扭的，有时候还摔跤，不那么稳当，这是否属于不正常呢？

A 如果宝宝在一岁半后仍不能走得较稳当，经常摔跤，并走起路来左右摇摆似鸭子，可能是体内隐匿着某种疾病，要尽早带宝宝去医院，切不可大意。

　　宝宝大约一岁开始学步，随之逐渐能够独立行走。刚会走路的宝宝，因为头比较大，身子长，四肢较短，身体处于头重脚轻、重心不稳的状态。加之人的身体重心位置变化时，需要及时调整姿态来保持身体平衡。而宝宝的神经系统还未发育完善，大脑皮质的兴奋过程处于泛化阶段，腿部肌肉又缺乏力量，运动神经支配肌肉运动的能力也比较弱，所以在最初走路时往往是通过重心前移来带动身体移动，保持身体平衡尚需身体其他部位的协助。由此，宝宝在走路时经常做出两条胳臂和两条腿的交错及协调摆动的动作，还会做出胳膊和腿配合不协调的动作，往往加大脚的支撑面积，表现出两脚之间的距离比较宽。这样，就使他们走路的步幅及速度都不均匀，走起路来东倒西歪。随着身体生长发育，宝宝的神经肌肉功能日渐加强，步态会逐步变得稳当起来。

　　不过，如果宝宝在一岁半以后仍不能走得较稳当，经常摔跤，可能体内隐匿着某种疾病，需尽早带宝宝去医院查明原因。

Q 宝宝二十个月大了，最近特别认生，出去见了陌生人就躲得远远的，家里来客人就哭个没完，这是怎么回事？

A 怕生是婴幼儿社会性发展到一定程度的体现。

　　这一年龄的宝宝对父母和亲人仍很依恋，一旦遇到从未见到过的人和物就可能表现出胆怯的样子。即便到了两三岁，宝宝仍会对陌生人和陌生情景感到恐惧。父母要鼓励宝宝多与小朋友一起玩，多接触家里的客人，做一些力所能及的招待活动，而不要随便批评宝宝，这样容易损伤宝宝的自尊心和自信心。

父母亲情手记

Love Notes

___年___月___日___时　　　　___个月___天

测试项目　　　　　　　　　　**测试达标时间**

大运动　　　　　　　　　　　　___个月第___天

精细运动　　　　　　　　　　　___个月第___天

适应性行为　　　　　　　　　　___个月第___天

语言能力　　　　　　　　　　　___个月第___天

社交行为　　　　　　　　　　　___个月第___天

亲情留言

- -

- -

- -

- -

- -

- -

- -

- -

珍藏宝宝智能成长之流金轨迹

宝宝照片

二十四个月

第七个智能飞跃发展关键期

opening

在这一关键期，通过手的握物、捏拿、搭东西、折纸、拍小铃鼓、穿扣眼、开门关门、插入拔出等精细运动，加强手指动作的灵活性和准确性，训练手腕动作以及提高手、眼、脑的协调功能更为重要哦！

● 采用实物开始对宝宝进行从"1"开始的数量训练；从红色开始的各种颜色认知训练；从触觉和冷热觉开始的感知觉训练，提高宝宝对外界环境的适应能力。

● 尽量为宝宝提供一些比较复杂并且难度较大的游戏，如追赶小动物、双脚跳跃、踢足球、爬高等，训练大肌肉动作和全身运动的协调性，以及全身动作与视觉的统合能力。

● 多鼓励宝宝复述事情的经过，多鼓励宝宝对事物进行提问，丰富宝宝的词汇量和组织句子的能力，从而促进语言能力发展，增进社会交往能力。

大运动 Big sports
宝宝会出现哪些行为特点？

1 宝宝学会多种大动作的本领了

比如，宝宝两只脚并在一起，能离地跳起来两次以上；学会了跑跳和上台阶；可不扶栏杆或其他东西自己上下楼梯，但两步才能走一个台阶；捡东西站起来时不再跌倒；踢球时身体不再失去平衡。

2 宝宝能够有方向地扔球了

几乎所有的宝宝都喜欢扔球游戏，但是先前宝宝并不能有方向地扔球。到了这个月份，在父母的指令或示范下，宝宝能取球举手过肩，而且将球向父母的方向抛出去。

关键期做关键事！
父母快来测测看 Test

智能自测题

宝宝能模仿大人做两只脚同时离开地面跳起的动作吗？

正确测试法

父母先给宝宝演示一下两只脚同时离开地面，并且跳起来的动作，然后鼓励宝宝模仿，看看宝宝能不能两只脚同时离开地面跳起。

提醒一点！必须是两只脚同时离地，同时落地。另外，测试时要注意给宝宝选择防滑、软硬适中、有弹性的鞋子，这样的鞋子适宜宝宝做跳跃运动。

宝宝达标了吗？

宝宝能两只脚同时离开地面跳起两次以上即为合格。

Pass!
宝宝真棒！

提升智能小训练 Training
为宝宝智能飞跃发展加油！

坏虫子，你往哪里逃？

训练妙法

父母准备一根一米长的绳子和一个玩具虫子。先把玩具虫子系在绳子上，然后放在地上，父母拉着绳子一端，拖着玩具虫子跑，让宝宝在后面追。

父母在跑的时候，要注意控制好速度，只比宝宝稍快一点儿就可以了，这样会增加宝宝追跑的兴趣，最终，要让宝宝追上并且捉到玩具虫子，把虫子踩在脚下。

Tip

这个游戏既能够锻炼宝宝的大运动能力，还可以开发宝宝的左脑功能。

看啊！我比小公鸡跑得快

训练妙法

为宝宝准备几个能够拖拉的玩具小公鸡，让宝宝和小朋友一起坐在客厅一端。父母告诉宝宝们："小公鸡跑了，现在你们跟在我身后去追，看看谁跑得快。"然后，父母手里拉着玩具小公鸡在前面跑，让宝宝们在身后追，追上两三圈后就把玩具小公鸡发给宝宝们，表示追到了，让宝宝自己拉着小公鸡玩一会儿。

Tip

父母要让宝宝在指定的范围里跑，避免与别的小朋友因相互碰撞而摔倒。

宝宝快来追泡泡！

训练妙法

教宝宝唱"大泡泡，小泡泡，快来追泡泡。泡泡圆，泡泡亮，泡泡真好玩"，带宝宝出去玩吹泡泡。妈妈先吹泡泡并戳破它，然后鼓励宝宝和自己一起追泡泡、戳破泡泡。

Tip

晴朗的天气，在户外父母可以和宝宝一起吹泡泡，结合一些奔跑的游戏，让宝宝快乐地动起来！

精细运动 Fine motor
宝宝会出现哪些行为特点?

1 集多种精细小本领于一身了

比如,给宝宝一些积木,他们能把积木搭高六至七块,还能用积木摆火车;宝宝看见门还会旋转门把,看见瓶子能盖紧或拧紧瓶盖,而不仅仅是盖上了事;宝宝还会模仿画竖线。

2 小手能做更精细的活儿了

宝宝的手指也越来越灵巧,能干更精细的活儿了。比如,给宝宝一个直径长约一点五厘米的四孔扣子和长约五十厘米的类似玻璃丝的绳儿,他们会把绳儿往扣眼里穿,并且还能另一只手将线拉出。宝宝还会自己洗手,并且用毛巾把手擦干呢。

关键期做关键事！
父母快来测测看 Test

智能自测题

宝宝能把细绳穿过扣眼，并且用另一只手拉出来吗？

正确测试法

父母准备好类似玻璃丝样的细绳和带扣眼的扣子。先让宝宝看着，大人是怎样一只手把细绳穿过扣眼，然后另一只手把细绳拉出来的，然后鼓励宝宝也这样做，观察宝宝做得如何。

宝宝达标了吗？

宝宝能模仿大人把细绳穿过扣眼，并且能用另一只手将细绳拉出即为合格。

Pass!
宝宝真棒！

提升智能小训练 Training
为宝宝智能飞跃发展加油！

哇！香喷喷的面条做好了

训练妙法

妈妈拿来一些白色废纸，自己先把这些纸撕成一条一条的，并且一边撕一边唱"面条面条喷喷香，宝宝最爱吃面条"，充分调动宝宝的兴趣。

一开始，妈妈最好先在废纸上撕开一个小口子，再让宝宝去撕纸。看见撕成的一条条"面条"，宝宝会兴奋不已哦！

Tip

撕纸动作可以很好地训练宝宝的手指运动，为日后使用剪刀等工具打下基础，同时也可促进宝宝的想象力发展和创新思维。

看呀！我包的糖球太漂亮了

训练妙法

准备各种颜色的橡皮泥并将其搓成糖球状。然后，父母取一些漂亮的糖纸，让宝宝看着自己如何把糖球放在糖纸上，把它包成了一个漂亮的糖球。当宝宝被吸引时，父母鼓励宝宝也像自己那样包糖球。一开始，宝宝可能做得不太好，但要鼓励宝宝坚持练习。

提醒一点！切勿让宝宝把包好的"糖"放进嘴里。

Tip

经常练习包"糖球"，对宝宝的拇指、食指以及其他手指的灵活性和协同能力大有促进，还可启蒙和培养宝宝的美学意识。

比一比，看谁投得多哦！

训练妙法

父母先用拇指和食指拿起一颗小珠子投进开口瓶子里，继而让宝宝也投。等宝宝动作熟练了，与宝宝分别往不同瓶子里投珠子，"比比"谁投到瓶里的珠子多。

Tip

经常让宝宝玩儿这个游戏，可以锻炼宝宝拇指和食指的协调性，以及与身体动作的统合能力。

适应性 Adaptability
宝宝会出现哪些行为特点？

1 懂得大和小的概念了

哪个东西大？哪个东西小？宝宝开始懂得了。比如，给宝宝大小不一样的物品，宝宝会指出大小来哦。除此，这个月份的宝宝还对"1"和"许多"也有了一些概念了。

2 宝宝会一页一页连续翻书了

宝宝翻书的动作越来越纯熟了。到了这个月份，他们不像以往那样乱翻书了，通常都能够一页一页地翻。而且，他们每次翻一页，能够连续翻三页以上呢。

关键期做关键事！
父母快来测测看 Test

智能自测题

宝宝能用手捻着书页，一页页地翻书了吗？

正确测试法

父母准备好一本书，拿出来后先让宝宝看着自己怎样用手捻着书页翻书，然后鼓励宝宝也这样做，看看宝宝是否也会用手捻着书页翻书。

提醒一点！避免让宝宝翻那种书页边缘较为锋利的书，否则可能会损伤宝宝柔嫩的小手。

宝宝达标了吗？

宝宝能用手捻书页翻书，每次翻一页，连续翻三页以上即为合格。

Pass!
宝宝真棒!

提升智能小训练 Training
为宝宝智能飞跃发展加油!

知道吗？我既知冷又知热

训练妙法

妈妈握住宝宝的小手，让其轻轻触摸盛热粥的碗，然后告诉宝宝"烫"。多次练习后，宝宝就会形成条件反射，再遇到热粥或者热水时，会因害怕烫边缩手边说"烫"。

以此类推，让宝宝感受什么是凉，什么是软，什么是硬，什么是光滑，什么是粗糙等感觉，培养宝宝对不同东西的触觉和冷热觉。

Tip

通过以上的训练，可以很好地培养宝宝对触觉和冷热感觉的认识和体验，更好地适应生活环境。

宝宝，你要买什么菜呢？

训练妙法

父母先带宝宝去菜市场买几次菜，让宝宝对菜市场的情景有一些了解。回家后，准备一些常见的蔬菜卡片，如黄瓜、卷心菜、萝卜、西红柿、茄子、芹菜、蘑菇等。将各种蔬菜卡片散放在桌上，父母扮作卖菜人，宝宝扮作买菜人。问宝宝："你要买什么菜呢？"让宝宝一边说出要买的蔬菜名称，一边指出桌上相应的卡片。然后，让宝宝继续问"多少钱一斤"……

Tip

帮助宝宝充分认识生活场景，认识常见的蔬菜，同时潜移默化地增强宝宝与人交往的意识。

哦！圆圈圈才能滚起来

训练妙法

与宝宝相对而坐，先拿一个套环向宝宝滚去，再让宝宝滚回来。告诉宝宝这个圈圈是圆形，所以能滚起来，同时拿出三角形、正方形给宝宝看。告诉宝宝它们有角，不能滚起来，并让宝宝用小手摸摸。

Tip

让宝宝用小手摸摸三角形、正方形，并告诉宝宝，这些形状有角所以不能滚动，这样有助于宝宝认识几何形状。

157

语言能力 Language
宝宝会出现哪些行为特点？

1 宝宝会用"我"表示自己了

宝宝在半岁前，认识不到自己的存在，吸吮自己的小手与吸吮其他东西没什么两样。一岁半左右，随着语言能力发展逐渐认识到自己的存在，但这时称呼自己的名字仍然像称呼其他事物一样。

不过，这个月份的宝宝说到自己时能正确用代词"我"而不是用小名来表示了，标志着自我意识的产生。

2 能说出两句甚至两句以上的儿歌

宝宝原来只能只言片语地念些儿歌。这时，宝宝念儿歌的能力见长了，能说出两句甚至两句以上的儿歌。另外，宝宝还能告诉大人要喝水、大小便、吃饭等需求了。

关键期做关键事！
父母快来测测看 Test

智能自测题

宝宝能说两句或者两句以上的儿歌吗？

正确测试法

宝宝在已经达到的语言能力基础上，如发音、词汇、组句和表达等方面，又有了新的进步。在不提示宝宝的情况下，父母鼓励他们说儿歌，看看宝宝能否说出两句或两句以上的儿歌。

宝宝达标了吗？

宝宝不用父母提示，就能说出两句或两句以上的儿歌即为合格。

Pass!
宝宝真棒!

提升智能小训练 Training
为宝宝智能飞跃发展加油!

我是会讲故事的小牛人哦!

训练妙法

这一时期宝宝的语言发展很快,父母要不误时机地加以促进。与宝宝在一起时,父母可随意将一件事或宝宝常玩的玩具起个头编故事,让宝宝往下接。当宝宝说不下去的时候,父母可以往下接,一步一步引导故事往前发展。父母可根据自己宝宝的语言能力,在故事中尽量运用他们能驾驭的词汇,引导宝宝讲下去。

Tip

宝宝在游戏中可以重复已会的语言,又能学习新的语言,故事的发展还可以锻炼宝宝的思维能力并发挥他们的想象力。

妈妈，我要喝水！

训练妙法

宝宝一般都习惯于说"宝宝要妈妈抱，宝宝要喝水，宝宝要尿尿"……这是因为宝宝还不懂得代名词。

这一阶段，应多鼓励宝宝用"我"来替代自己的名字。比如"宝宝要喝水"说成"我要喝水"，"宝宝的小碗"说成"我的小碗"，"宝宝的杯子"改成"我的杯子"，以此类推，教宝宝懂得用"我"来代替自己的名字。

Tip

经常进行这样的训练，可以帮助宝宝学会用代名词来表达自己，不仅提高语言能力，还可以促使宝宝产生自我意识。

161

社交行为 Community
宝宝会出现哪些行为特点？

1 宝宝是个十足的小问号

这个月份的宝宝，开始对周围环境十分感兴趣，因而好奇心很强烈。他们经常向父母提出很多的问题，总是在问"这是什么"、"那是什么"，真是一个十足的小问号哦。

2 能说出很多常用物品的用途了

主要是指一些日常生活用品。比如，"杯子是喝水的"、"椅子是坐的"、"床是睡觉的"、"笔是写字的"等。除此之外，宝宝基本上能够控制大小便了，通常在临睡前排尿后夜里就不会尿床了。

关键期做关键事！
父母快来测测看 Test

智能自测题

宝宝能说出一些日常生活中常用物品的用途吗？

正确测试法

父母可以分别问宝宝，比如"碗"、"笔"、"板凳"等三种以上的日常生活常用物品是干什么用的，看看宝宝是否能够准确回答。

提醒一点！不要问一些宝宝比较生疏的物品，这样会影响测试的准确性。

宝宝达标了吗?

宝宝能够说出三种以上物品的用途，测试四次其中有三次达标即为合格。

Pass!
宝宝真棒!

提升智能小训练 *Training*
为宝宝智能飞跃发展加油！

> 宝宝，我们下次再买好吗？

训练妙法

带宝宝去超市买东西时，可以故意在卖儿童玩具和食物的区域停留，但不允许宝宝拿东西。

如果宝宝非赖着要拿并大哭大闹不肯走，父母要商量着和宝宝说："这些并不是我们这次计划要买的东西，下次来再买吧。"如果宝宝还是不听，不要让步，一定要坚持。待下一次来超市买东西，父母可让宝宝选择几件他喜欢的东西，并告诉他"这是我们这次计划要买的"。

Tip

可让宝宝从小学会控制自己的欲望，听从父母的计划，这对宝宝日后的人际交往智能发展很有帮助。

锅碗瓢盆交响曲！

训练妙法

　　给宝宝准备一些各种厨房类的玩具，父母先对宝宝说："我们一起来做顿你喜欢吃的饭吧。"然后，就和宝宝一起把锅碗瓢盆刀等玩具摆在桌子上。父母要先给宝宝做一下演示。比如用铲子铲一些沙子放在玩具锅里，盖上锅盖些许时间，对宝宝说饭熟了，以此类推让宝宝炒菜……父母要做的就是不断下指令，让宝宝动手来完成。

Tip

　　这个训练可以培养宝宝学习社会角色，增进他们与人交往的智慧，同时让他们更多地了解生活知识。

宝宝智能测试问答

Q 父母是否还可以根据周围同龄的孩子发育水平来与自己的宝宝做比较，这样做出的判断有没有科学道理呢？

A 这种评价方法并不是没有道理的，父母在家里完全可以通过观察宝宝的表现、成长速度，对宝宝进行一个大致的评价。

生活中，很多父母经常评价自己孩子的智能发展水平，只不过评价的依据不是正式地通过心理测验量表，而是根据自己的经验、观察或与同龄的孩子进行比较。

这种评估方法的根据是孩子的年龄特点，不同年龄的孩子有不同的行为表现，比如大多一岁大的宝宝会有意识地叫爸爸、妈妈，也会走了。如果能够发现自己的宝宝比大多数孩子发育得早或晚，这个发现就是评价。这种与同龄儿童的横向比较是一种最常用的评价方法，这种评价方法并不是没有道理的，父母在家里完全可以通过观察孩子的表现、成长速度对自己的孩子进行评估。

Q 前几天我们给宝宝做了测试，结果显示宝宝的大运动、精细运动、适应能力、语言及社交行为的智力发展水平都提前了一个年龄段，这是否表明宝宝是智力超常的孩子？这种超常的能力怎样才能保持下去？

A 确定宝宝是否智力超常需要涉及多方面的测查才能最后判断。其中最重要的条件之一，就是要依据发育商也就是智商的测查水平。

如果宝宝在大运动、精细运动、适应能力、语言以及社交能力都比较均衡地发展，并且平均超前两至三个年龄段以上，这样孩子的发育商才能达到或超过130。若是只是提前一个年龄段，尚不能认定是智力超常。

　　要知道，智力超常的能力是动态发展和可变的，它与家庭是否能坚持有效培养以及进行促进训练有很大关系。

　　有些父母发现宝宝智力超常就沾沾自喜，放弃坚持不懈的训练，那么宝宝的发育商也有可能逐渐下降，而早期教育是促进宝宝保持高智商的最有力法宝。

　　在小婴儿时期由于各年龄段的间隔较短，在测查时容易出现智能超常的假象，以致发生误导。因此，对于六个月以内特别是小于三个月的婴儿，切勿轻率做出智能超常的判断。关键是要根据经常测查的结果，给予有针对性的促进训练和培养。

Q　宝宝二十四个月大了，我经常教他十以内的数字，还教他顺口唱数，可是他总是记不住，真让我着急。为什么宝宝怎么也记不住这些数字呢？该怎么教宝宝认识和理解数字？

A　宝宝认读数字和顺口唱数都是对数字的认识，但他们还不明白数字的数学含义，要继续学习点数才是真正理解了数学现象。

　　宝宝在一岁大的时候，会举起食指表达自己对"一"的理解，他们在两个物品中能挑出较大的那一个，还会跟着大人顺口溜出"三"或"一、二、三"，喜欢并能认出圆形等。

　　两岁大以后，宝宝会借助语言表达自己对数学的认识了，他们会点数五至十，还能认读一至十这几个阿拉伯数字。能实质性地理解三以内的数学含义，比如能在物品中正确拿出三个、能记住父母交代的三件事、至少认识三种几何图形、按次序套碗则能套五至九个等。

　　由此可见，需要结合生活实际来丰富宝宝对数学的感知，比如通过登楼梯逐渐懂得上楼需要几步，吃饭知道需要几个碗等。父母不要着急，通过这样的生活训练宝宝慢慢就会理解了。

父母亲情手记

Love Notes

___年___月___日___时   ___个月___天

测试项目	测试达标时间
大运动	___个月第___天
精细运动	___个月第___天
适应性行为	___个月第___天
语言能力	___个月第___天
社交行为	___个月第___天

亲情留言

珍藏宝宝智能成长之游金轨迹

宝宝照片

opening

在这一关键期，引导宝宝分清早晨、中午、晚上等不同时间，认识上、下、左、右、里、外、前、后等不同方位，懂得多与少以及学会数数，学会常用物品的称谓、用途以及认识职业等对环境的适应能力更重要哦！

进一步训练宝宝建立起规律的生活习惯，增强生活自理能力，培养做事情有条理，以此提高自我服务的能力，增强宝宝的独立性。

通过双脚交替上下楼梯、赛跑、双脚跳跃、攀登、投掷等大运动，提高全身大肌肉运动的能力；通过搭积木、折纸、剪纸等精细运动，增进宝宝的手指、手腕的灵活性以及手眼脑的协调性。

大运动 Big sports
宝宝会出现哪些行为特点？

1 能跑能跳的运动小达人

宝宝是个运动小达人了，他们能够两只脚交替地跳起，还能跳能跑，并且能单脚站立两秒钟以上。知道吗？单脚负重的能力，可为宝宝日后练习自由体操、芭蕾舞、攀爬、武术打下良好的基础。除此之外，宝宝还能从仰卧位直接坐起身来。

2 宝宝能一步上一个台阶了

宝宝登楼梯的小本事有进步了！在上楼梯时不像以往那样，需要两步一个台阶，现在可以一步上一个台阶了。但在下楼时宝宝还需要两步一个台阶，不过，到最后一个台阶的时候，宝宝就能自己跳下来了哦。

关键期做关键事！
父母快来测测看 Test

智能自测题

宝宝能模仿大人做两只脚交替跳起来的动作吗？

正确测试法

父母先给宝宝演示一下两只脚怎样在原地交替跳起来的动作，然后鼓励宝宝模仿，看看宝宝能不能也这样跳起来。

提醒一点！宝宝的骨骼、关节、韧带生长发育很快，但掌握身体平衡的能力较弱，要注意鞋后帮不宜太软，以免脚在鞋里不能被很好地支撑，左右摇摆，成为脚损伤的隐患。

宝宝达标了吗？

宝宝能够模仿大人，两只脚交替跳起，跳起来的高度在五厘米以上即为合格。

Pass!
宝宝真棒!

提升智能小训练 Training
为宝宝智能飞跃发展加油！

瞧啊！我骑得有多棒

训练妙法

给宝宝一辆三轮小童车。一开始，有些宝宝不愿意练习骑车或者骑得不好，父母不妨先用一根小绳子拉着小童车，帮助宝宝用力骑起来。

经过一段时间练习，宝宝就能够独自骑着小车向前走了。这个训练可促进宝宝的身体平衡感和腿部力量，对跳跃运动有好处，还可以促进视觉与动作的协调性。

Tip

让宝宝骑车要避免运动量过大，这样会使宝宝感到劳累，降低兴趣，认为训练是一件苦差事。父母要注意观察宝宝，发现宝宝烦躁就要停止训练。

猫捉老鼠喽！

训练妙法

父母找来一只用久的袜套，里面塞上一些碎布头或棉花类东西，然后把袜口扎住。

父母先拉着"老鼠"在前面慢慢跑，让宝宝当做猫，在父母身后追。当宝宝追上来并用脚踩到"老鼠"，就算是捉到老鼠了。不过，父母在跑的时候最好注意控制一下方向，这样才会使宝宝感到好玩。猫捉"老鼠"游戏，可以很好地训练宝宝的奔跑能力。

Tip

经常巧妙利用一些情境和有趣的小故事对宝宝进行训练，会大大激发宝宝的乐趣。当宝宝踩到老鼠时，父母要马上夸奖或给个小奖品。

173

精细运动 Fine motor
宝宝会出现哪些行为特点？

1 宝宝能折出整齐的长方形

给宝宝一张长方形的纸，他们能将其折出整齐的长方形，这表明宝宝的小手的灵巧性不断提高，手眼协调的功能也越来越完善。注意一点，纸的边缘不要太锋利哦！

2 宝宝搭积木的水平越来越高了

如果给宝宝一些积木，他们会比原来有更大的创造力了。比如，能够用十块积木搭成"塔"，还会模仿着搭"桥"。另外，宝宝在家里进餐时还能帮助摆餐具，而且很少打碎瓷器哦。

关键期做关键事！
父母快来测测看 Test

智能自测题

宝宝能把十六开的纸折成边角整齐的长方形吗？

正确测试法

拿来一张十六开的长方形白纸，父母先给宝宝做一下演示，即将白纸的对边对齐后，把白纸折一下，折成一个边角整齐的长方形，然后让宝宝也这样做。

提醒一点！选用的白纸要注意是没有被折过的，否则可能会影响测试结果。

宝宝达标了吗？

宝宝按照大人的做法，折出的形状基本上为长方形即为合格。

Pass!
宝宝真棒!

提升智能小训练 Training
为宝宝智能飞跃发展加油！

石头—剪子—布！

训练妙法

在游戏之前，父母要先让宝宝懂得"布可以包住石头、布会被剪子铰开、石头可以砸坏剪子"之间的逻辑关系，再开始和宝宝玩游戏。在玩的过程中，要一边玩一边让宝宝学会判断什么情况下就是赢了，反之就是输了。

Tip

石头—剪子—布这个传统的游戏，对锻炼宝宝的手掌及手指的灵活性，促进逻辑思维发展很有益处。而且，也很符合小孩子的心理特点，宝宝会乐此不疲地玩这个游戏。

嘿！我的小手真有用

训练妙法

这个训练主要提升宝宝手部的功能。父母先给宝宝演示怎样做挥手再见、打电话、折纸、握手、写字、挠痒、拿某种东西等日常生活的动作，然后让宝宝根据自己所说出的口令去做相应的动作。一开始，宝宝做得不一定让父母满意，不要着急哦，给宝宝一些时间，宝宝就会越做越好。

Tip

经常对宝宝进行这一训练，对宝宝的大脑开发有诸多促进作用，如可以认知手的功能、锻炼手部的精巧动作、训练宝宝的语言表达能力以及更多地了解日常生活。

适应性 Adaptability
宝宝会出现哪些行为特点？

1 宝宝能说出两种颜色

在此之前，宝宝只认识红色，而到了这个月份，宝宝除了能够说出红色以外，还能说出另外一种颜色名称。另外，宝宝还认识好几种几何图形呢，如方形、圆形、三角形等。

2 宝宝懂得 "2" 的含义了

"2" 是多少哦？宝宝原来一直没有太多数的概念。现在，父母给宝宝拿出一些积木，从中取出两块后，宝宝懂得是 "2" 的含义，对数量有一些初步的概念了。

关键期做关键事！
父母快来测测看　Test

智能自测题

宝宝能说出两种颜色的名称吗？

正确测试法

父母可以拿出红、黄、蓝、绿四种颜色的积木或物品，先给宝宝看看，然后看他们能不能说出其中两种颜色的名称。

宝宝达标了吗？

宝宝能说出两种颜色的名称即为合格。

Pass!
宝宝真棒！

提升智能小训练 Training
为宝宝智能飞跃发展加油！

红豆豆，绿豆豆

训练妙法

父母先找来一个盘子，里面装上红豆、绿豆、黄豆、黑豆等，然后让宝宝把红豆、绿豆分别捡出来，放在旁边的小盘子里。一开始，父母可以帮助宝宝挑捡其中一种豆子，等到宝宝很熟练了，就让他们自己挑捡。

提醒一点！注意看护宝宝，以免把豆子放到嘴里。

Tip

经常训练不仅可以很好地提高宝宝手指的灵巧性，还能够帮助宝宝认知多种颜色，也有助于开发右脑智能。

上上下下，左左右右！

训练妙法

父母帮助宝宝学习上下左右方位感，最好从日常生活入手。可以这样教宝宝，比如，"这本书在桌子下面，这张纸在桌子上面"、"你的积木在桌子上呢，你的小鸭子玩具掉在床底下了"；教"前后"方位概念时，可以说"哇！宝宝跑到爸爸前面了，你看，妈妈落在咱们后面了"；教"左右"方位概念时，可以说"把你的左边眼睛指给爸爸"、"我们先迈右腿走路呦"等。

Tip

生活中的机会是教会宝宝认识方位的最好教材，省力又省钱，在不知不觉中宝宝就逐渐学会认识方向了，何乐而不为呢？

语言能力 Language
宝宝会出现哪些行为特点?

能说出很多图片的名称了

1 父母向宝宝展示十八张图片，其中包括常见的人或者物
品，比如嘴、树叶、菜刀、旗子、雨伞、铲子、帽子、水
壶、钥匙、电话、果树、房子、飞机、脚、手、台灯、枪、船
等。宝宝一般能够正确回答出其中十四张图片的名称。

宝宝更加能说会道了

2 这个月份的宝宝，会说唱一些
歌谣了，越来越能说会道了，
他们能够语言较为丰富、用词
较为恰当地说复杂的句子或
是叙述一件事情了。

关键期做关键事！
父母快来测测看 Test

智能自测题

宝宝对一些日常生活需求能够做出正确回答吗？

正确测试法

父母可以依次问宝宝"冷了该怎么办"、"累了该怎么办"、"饿了该怎么办"等一系列问题，看看宝宝能不能做出相应的正确回答。提醒一点，父母不要对宝宝进行提示。

宝宝达标了吗？

宝宝能够依次做出"穿衣"、"歇一会儿"、"吃饭"等问题进行正确回答即为合格。

Pass!
宝宝真棒!

183

提升智能小训练 Training
为宝宝智能飞跃发展加油！

小红帽智斗大灰狼！

训练妙法

父母和宝宝各自戴一个手偶，父母扮演"大灰狼"，宝宝扮演"小红帽"，让小红帽智斗大灰狼。

一开始，可以稍微简单些，让宝宝先记住其中的主要情节。等到表演过几次后，就要鼓励宝宝在其中插入一些另外的新变化，使故事的内容更丰富一些。如果宝宝想得太离奇，不一定非要拉回正题，可以让宝宝大胆想象。

Tip

与宝宝经常进行手偶对话，就好比话剧创作，可以随时变化，这样可以很好地增强宝宝的语言能力和想象力。

快来开锁了！

训练妙法

父母手拉着手，告诉宝宝，拉在一起的两只手就是一把"锁"，现在这把锁很难打开，你来试试吧，用这样的话来激发宝宝的好奇心和兴趣。

当宝宝做开锁动作时，父母要一起发出"咔嚓"声，并把拉在一起的两只手分开，表示锁被打开了，这样会让宝宝很兴奋，特别有成就感，因而喜欢训练。父母还可以让宝宝给锁起个名字，让他们随意发挥，比如"苹果锁"、"小狗锁"、"公主锁"……想起什么就说什么。

Tip

通过训练不仅能大大丰富宝宝的词汇量，提高语言表达力和创造能力，还能培养宝宝迎接挑战的勇气。

社交行为 Community
宝宝会出现哪些行为特点？

1 自己的事情自己做

宝宝的能力今非昔比哦，能够自己穿脱衣服，能够自己穿鞋、脱鞋。不过，宝宝还不能很好地分清楚鞋子的左右，需要别人的帮助才能穿对左右脚的鞋。除此，宝宝还能自己洗小手和小脸了。

2 宝宝能自己扣上衣服扣了

扣扣子不是一个很简单的动作，对于宝宝来说就更难一些了。然而，到了这个月份，宝宝小手让父母很惊喜哦，他们不仅自己能穿脱衣服，而且还能自己扣上衣服的扣子了。

关键期做关键事！
父母快来测测看 Test

智能自测题

宝宝能把上衣的扣子自己扣上吗？

正确测试法

父母先把宝宝上衣的扣子解开，然后鼓励他们自己把扣子扣上，观察宝宝做得怎样。可以让宝宝去扣上衣的任何一颗纽扣。

提醒一点！不要选择那些衣服扣眼过于小的上衣，以免影响测试结果的准确性，大小适宜就好。

宝宝达标了吗？

宝宝能自己扣上上衣的任何一个纽扣即为合格。

Pass!
宝宝真棒！

提升智能小训练 Training
为宝宝智能飞跃发展加油！

干手绢湿手绢，有什么不一样哦？

训练妙法

　　妈妈准备两块小手绢，先让宝宝将其弄湿，然后用手拧干。继而，取出家里吹头发的吹风机，让宝宝感受一下吹风机吹出来凉风和热风的不同感觉后，再分别吹两条小手绢，之后让宝宝摸摸两条手绢是否一样湿，接着以凉风和热风对着小手绢各吹三分钟，这时再让宝宝比较一下两条手绢，并可以问问宝宝，为什么衣服晒在太阳底下干得快啊？

Tip

　　用很具体形象的小游戏来让宝宝理解一些生活常识，会让他们觉得趣味多多，同时也会激发宝宝的好奇心，愿意多思考。

做个让人喜欢的孩子哦！

训练妙法

让宝宝在社会交往中学会礼貌待人，如早上见到人要知道问声早；平时见到人要知道问声好；爸爸妈妈上班去了要说"再见"；接受别人东西或帮助要说"谢谢"等；走到哪里，都不能随意拿或者乱翻别人的东西。

除此，鼓励宝宝把脱下的衣服叠好并摆放整齐；玩具玩完了要放回原处，不要乱扔；吃饭要安坐在餐椅上，不满桌撒饭粒；养成饭前便后洗手、饭后刷牙漱口的卫生习惯；学会自己用洗手液洗手，便后会自己擦干净屁屁；练习洗袜子、清洗小玩具以及娃娃衣服等生活自理能力；能帮助妈妈把洗好的衣物叠好，并且放在家里固定的地方。

Tip

通过这些训练，可以让宝宝懂得社会交往的基本礼节，同时培养他们做事情的条理以及锻炼生活自理的能力，为今后走向社会打下良好的基础。

宝宝智能测试问答

Q 民间的一些口诀对于判断宝宝的智能发育是否有帮助？父母们是否可以做一些参考？在家中怎样及早发现宝宝智力发育不正常的危险信号呢？

A 以下的民间育儿口诀，有助于父母判断宝宝的智能发育，而且也很便于父母掌握和对照。

一视二听三抬头，四握五抓六翻身，七坐八爬九扶站，十捏周岁独站稳。

及早发现宝宝的智能发育不正常的信号，达到早治疗，父母对宝宝进行细心观察非常重要，是其他人都代替不了的第一位作用。不同月龄常见的智能发育不正常的危险信号如下：

宝宝三个月：颈部仍软弱无力，不能自己抬头；对周围的事物没有反应，见到亲人不会笑。

宝宝六个月：双手常常紧握，双眼总看着手并且对周围的人或物没有反应，见到亲人缺少兴趣；吃东西没有咀嚼活动，常发生吞咽困难；从来不哭，总是乖乖躺着，整天睡觉，没有吃喝玩的要求。

宝宝九个月：不会翻身，也不会坐；不会抓取玩具，也不会将玩具倒手。

宝宝十二个月：不会自己爬行，不会用拇指、食指配合捏住花生米粒，也不会捏饼干渣；不会伸出食指，不会用食指指人和物，也不会扣、挖动作；常常表现出无目的的多动，注意力不集中，容易烦躁。

宝宝十八个月：不会站立，不会叫"爸爸"和"妈妈"。

宝宝二十四个月：不会独自行走，不会按照要求指出自己的眼、耳、鼻、嘴等，仍常流口水。

提示一点，在宝宝成长发育过程中，出现个别危险信号并不意味着宝宝存在智力缺陷或智力低下，但父母一定要注意，除了更细致的观察外，更重要的是及时带宝宝去医院进行更详细专业的测试。

Q 宝宝三岁了，她好像一直也分不清早上、中午、晚上，怎样培养宝宝的时间概念呢？

A 可以先培养宝宝的初步时间概念，最佳的途径可以通过生活。

比如，父母可以利用每天生活中的事情对宝宝说"宝宝，吃过早饭你就该去幼儿园了"；"中午吃过饭，爸爸妈妈该上班了"；"晚上天就会黑下来，宝宝该睡觉了"。除此之外，父母也可以经常教宝宝一些能够认识时间的儿歌，这样既可学会认识时间，还可促进语言发育。

Q 我的宝宝做智商测定，结果只达到85。作为父母我们很着急，智商主要是由什么决定的？先天的因素和后天的因素哪一个更多一些？怎样可以提高宝宝的智商水平？

A 智商水平既受先天因素的影响，也受后天环境和教育因素的影响，早期教育对于提高宝宝的智商水平具有不可替代的重要意义。

早期教育的关键是培养宝宝的各种感官能力，让眼睛多看、耳朵多听、嘴巴多说、小手多操作、小腿多运动，丰富宝宝的亲身感受，积累较多的直接经验。

同时，还可锻炼宝宝的手眼协调、手脑协调以及全身感官的协调，这将为宝宝的思维发展奠定不可缺少的基础。

但是，宝宝以上感官的活动能力特别需要父母的带动，父母要多刺激、多鼓励、多示范、多教导，这样会有效地提高宝宝的智商。英国卡尔·威特的早期教育故事，就是向人们讲述了一个出生时智力低下的婴儿如何经过科学的早期教育，成长为一个智力卓越的人才的实例。家长们不妨找来一读。

父母亲情手记

Love Notes

___年___月___日___时   ___个月___天

测试项目	测试达标时间
大运动	___个月第___天
精细运动	___个月第___天
适应性行为	___个月第___天
语言能力	___个月第___天
社交行为	___个月第___天

亲情留言

珍藏宝宝智能成长之游金轨迹

宝宝照片

出生时	身长	体重	头围	胸围
男孩	约46.8-53.6cm	约2.5-4.0kg	约31.8-36.3cm	约29.4-35.3cm
女孩	约46.4-52.8cm	约2.4-3.8kg	约30.9-36.1cm	约29.3-35.0cm
1个月	身长	体重	头围	胸围
男孩	约51.9-61.1cm	约3.7-6.1kg	约35.4-40.2cm	约33.7-40.9cm
女孩	约51.2-60.9cm	约3.5-5.7kg	约34.7-39.5cm	约32.9-40.1cm
2个月	身长	体重	头围	胸围
男孩	约55.3-64.9cm	约4.6-7.5kg	约37.0-42.2cm	约36.2-43.4cm
女孩	约54.2-63.4cm	约4.2-6.9kg	约36.2-41.0cm	约35.1-42.3cm
3个月	身长	体重	头围	胸围
男孩	约57.6-67.2cm	约5.2-8.3kg	约38.2-43.4cm	约37.4-45.0cm
女孩	约56.9-65.2cm	约4.8-7.6kg	约37.4-42.2cm	约36.5-42.7cm
4个月	身长	体重	头围	胸围
男孩	约59.7-69.3cm	约6.1-9.0kg	约39.6-44.4cm	约38.3-46.3cm
女孩	约58.5-67.7cm	约5.3-8.3kg	约38.5-43.3cm	约37.3-44.9cm
5个月	身长	体重	头围	胸围
男孩	约61.4-71.0cm	约6.5-9.5kg	约40.4-45.2cm	约39.2-46.8cm
女孩	约60.4-69.2cm	约5.7-8.8kg	约39.4-44.2cm	约38.1-45.7cm
6个月	身长	体重	头围	胸围
男孩	约63.4-73.8cm	约6.8-10.3kg	约41.3-46.5cm	约39.7-48.1cm
女孩	约62.0-72.0cm	约6.0-9.6kg	约40.4-45.2cm	约38.9-46.9cm
7-8个月	身长	体重	头围	胸围
男孩	约66.1-76.5cm	约7.0-11.0kg	约42.4-47.6cm	约40.7-49.1cm
女孩	约64.7-74.7cm	约6.5-10.2kg	约41.2-46.3cm	约39.7-47.7cm

body build

9-10个月	身长	体重	头围	胸围
男孩	约68.4-79.2cm	约7.4-11.5kg	约43.8-49.0cm	约41.6-49.6cm
女孩	约67.1-77.6cm	约6.9-10.7kg	约42.1-46.9cm	约40.4-48.4cm
11-12个月	身长	体重	头围	胸围
男孩	约70.9-82.1cm	约7.8-12.0kg	约43.7-48.9cm	约42.2-50.2cm
女孩	约69.7-80.5cm	约7.2-11.3kg	约42.6-47.8cm	约41.1-49.1cm
13-15个月	身长	体重	头围	胸围
男孩	约73.4-85.0cm	约8.1-12.6kg	约44.2-49.4cm	约43.1-51.1cm
女孩	约71.9-83.9cm	约7.7-11.9kg	约43.2-48.4cm	约42.1-49.7cm
16-18个月	身长	体重	头围	胸围
男孩	约75.2-88.0cm	约8.6-13.2kg	约44.8-50.0cm	约43.8-51.8cm
女孩	约74.4-86.4cm	约8.2-12.5kg	约43.8-48.6cm	约42.7-50.7cm
19-21个月	身长	体重	头围	胸围
男孩	约78.0-90.8cm	约9.0-13.9kg	约45.2-50.4cm	约44.4-52.4cm
女孩	约76.9-89.3cm	约8.6-13.2kg	约44.3-49.1cm	约43.3-51.3cm
22-24个月	身长	体重	头围	胸围
男孩	约80.9-94.9cm	约9.7-14.8kg	约45.6-50.8cm	约45.4-53.4cm
女孩	约79.6-93.6cm	约9.2-14.1kg	约44.8-49.6cm	约44.2-52.2cm
25-30个月	身长	体重	头围	胸围
男孩	约84.3-99.1cm	约10.5-15.8kg	约46.2-51.4cm	约46.2-54.2cm
女孩	约83.1-97.5cm	约9.9-15.2kg	约45.3-50.1cm	约45.1-53.1cm
31-36个月	身长	体重	头围	胸围
男孩	约87.7-102.5cm	约10.9-17.0kg	约46.5-51.7cm	约46.7-55.1cm
女孩	约86.8-101.6cm	约10.6-16.3kg	约45.7-50.5cm	约45.8-53.8cm

图书在版编目（CIP）数据

京文育儿智：3岁前决定IQ&EQ / 赵京文 著.—北京：东方出版社，2012.5
ISBN 978-7-5060-4696-1

Ⅰ.①京…　Ⅱ.①赵…　Ⅲ.①婴幼儿—智力开发　Ⅳ.①G610

中国版本图书馆CIP数据核字（2012）第088718号

京文育儿智：3岁前决定IQ&EQ
（JINGWEN YUER ZHI: 3SUIQIAN JUEDING IQ&EQ）

作　　者：赵京文
责任编辑：姬　利　杜晓花
出　　版：东方出版社
发　　行：人民东方出版传媒有限公司
地　　址：北京市东城区朝阳门内大街166号
邮政编码：100706
印　　刷：小森印刷（北京）有限公司
版　　次：2012年6月第1版
印　　次：2012年6月第1次印刷
印　　数：1—7000册
开　　本：720毫米×970毫米　1/16
印　　张：13.5
字　　数：82千字
书　　号：ISBN 978-7-5060-4696-1
定　　价：35.00元
发行电话：（010）65210059　65210060　65210062　65210063